财务会计理论与实践的创新研究

陈建芳　著

中国商务出版社

·北京·

图书在版编目（CIP）数据

财务会计理论与实践的创新研究 / 陈建芳著. — 北
京：中国商务出版社，2023.11
ISBN 978-7-5103-4825-9

Ⅰ．①财… Ⅱ．①陈… Ⅲ．①财务会计－研究 Ⅳ．
①F234.4

中国国家版本馆 CIP 数据核字（2023）第 175788 号

财务会计理论与实践的创新研究

CAIWU KUAIJI LILUN YU SHIJIAN DE CHUANGXIN YANJIU

陈建芳　著

出　　　版：中国商务出版社
地　　　址：北京市东城区安外东后巷 28 号　　邮编：100710
责任部门：发展事业部（010-64218072）
责任编辑：李鹏龙
直销客服：010-64515210
总 发 行：中国商务出版社发行部（010-64208388　64515150）
网购零售：中国商务出版社淘宝店（010-64286917）
网　　　址：http://www.cctpress.com
网　　　店：https://shop595663922.taobao.com
邮　　　箱：295402859@qq.com
排　　　版：北京宏进时代出版策划有限公司
印　　　刷：廊坊市广阳区九洲印刷厂
开　　　本：787 毫米×1092 毫米　1/16
印　　　张：9.25　　　　　　　　　字　　数：200 千字
版　　　次：2023 年 11 月第 1 版　　印　　次：2023 年 11 月第 1 次印刷
书　　　号：ISBN 978-7-5103-4825-9
定　　　价：65.00 元

前 言
PREFACE

在现代商业环境中，财务会计作为企业经营管理的基础扮演着关键的角色。然而，随着全球经济的不断演变和科技的迅速进步，传统的财务会计理论和方法逐渐显露出局限性，无法满足企业面临的多元化和复杂化挑战。因此，深入探索财务会计的创新理论与实践显得尤为重要。

本书旨在深入研究财务会计领域的创新问题，从基础概念到实际应用，从理论探讨到案例分析，全面探讨财务会计创新对企业可持续发展的影响。通过系统性地探讨财务会计领域的创新理论和实践，我们旨在为从业者、学者和决策者提供一本关于财务会计创新的综合性参考书。

第一章深入研究背景与动机，探讨传统财务会计面临的问题和挑战，引出为什么财务会计专业需要创新。

第二章深入探讨财务会计理论的基础知识。阐述财务会计的基本概念与原则，明确资产、负债、所有者权益等核心概念，以及会计核心原则的重要性。

第三章聚焦财务会计创新的必要性与价值，分析传统财务会计的局限性与挑战，探讨信息滞后、单一财务指标等问题，引发对创新的需求。

第四章深入探讨财务会计创新的方法与框架。

第五章探讨财务会计信息的创新。

第六章聚焦财务会计流程的创新。

第七章探讨财务会计跨界合作与创新。

最后一章关注财务会计创新与企业可持续发展。

本书通过理论分析、实证案例、专家访谈等多种方法，深入探讨财务会计创新的不同层面。作者希望本书能够为读者提供清晰的思路，帮助他们更好地理解财务会计创新的内涵和价值，从而在实际工作和研究中能够更加灵活地应对不断变化的商业环境。

希望本书能够成为财务会计创新领域的重要参考，为广大读者提供有益的知识和启发，共同促进财务会计专业的创新和发展。

作者

2023.8

目 录
CONTENTS

第一章　导论 ……………………………………………………… 1

第一节　研究背景与动机 ……………………………………… 1

第二节　研究目的与意义 ……………………………………… 2

第三节　研究方法与框架 ……………………………………… 3

第二章　财务会计理论的基础知识 …………………………… 5

第一节　财务会计基本概念与原则 …………………………… 5

第二节　传统财务会计理论的综述 ………………………… 11

第三节　财务会计与管理会计的关系 ……………………… 18

第三章　财务会计创新的必要性与价值 …………………… 27

第一节　传统财务会计的局限性 …………………………… 27

第二节　创新在财务会计中的作用与优势 ………………… 36

第四章　财务会计创新方法与框架 ………………………… 44

第一节　创新的概念与分类 ………………………………… 44

第二节　创新在财务会计中的应用框架 …………………… 49

第五章　财务会计信息的创新 ……………………………… 59

第一节　财务报表的创新设计与呈现 ……………………… 59

第二节　新型财务指标的开发与应用 ……………………… 66

第三节　技术驱动的财务会计信息披露创新 ……………… 74

第六章　财务会计流程的创新 ……………………………… 81

第一节　创新会计核算方法与流程 ………………………… 81

第二节 自动化与数字化在财务会计中的应用 ………………… 89

第三节 区块链技术在财务会计中的潜在应用 ………………… 94

第七章 财务会计跨界合作与创新 ………………………… 100

第一节 财务会计与其他领域的跨界合作 …………………… 100

第二节 创新合作模式的探讨 ………………………………… 106

第三节 跨功能团队在财务会计创新中的角色 ……………… 113

第八章 财务会计创新与企业可持续发展 ……………… 118

第一节 财务会计创新对企业可持续发展的影响 …………… 118

第二节 绿色财务会计与环境责任创新 ……………………… 126

第三节 社会责任与财务绩效的关联 ………………………… 135

参考文献 ……………………………………………………… 140

第一章　导论

第一节　研究背景与动机

一、财务会计作用的变化

随着经济全球化和数字化的快速发展，财务会计作为企业信息披露和决策支持的重要手段，也在不断演变。财务会计不再仅仅记录和报告企业的经济活动，而是逐渐成为企业与外部利益相关者沟通的桥梁。过去，财务会计主要关注满足法律法规的规定和利益相关者的基本信息需求，现在，企业和社会对财务信息的关注不仅仅停留在经济指标层面，还涵盖了环境、社会责任等更多方面。

在这种背景下，财务会计领域出现了更多新的需求和挑战。企业需要更准确、及时、全面的财务信息来应对日益复杂多变的商业环境。同时，投资者、政府监管机构、社会组织等利益相关者也要求更加透明和可信的财务信息，以便更好地评估企业的经营状况和风险水平。因此，财务会计领域需要不断创新，以适应多方面的需求。

二、财务会计面临的挑战与问题

（一）信息滞后性引发的决策问题

传统财务会计的信息滞后性问题一直是制约企业决策的瓶颈。由于财务报表编制需要时间，会计数据的发布时间存在一定的延迟，这使得企业领导在做出决策时缺乏及时的信息支持。尤其是在快节奏的商业环境下，企业需要更快速地获取准确的财务信息，以便把握市场机会、应对风险挑战。如何解决信息滞后性问题，提供更及时的财务信息，成为企业亟待解决的难题。

（二）单一财务指标对企业评估的不足

传统财务会计主要关注财务报表中的核心指标，如净利润、营业收入等。然而，这些指标难以全面反映企业的综合表现和价值创造能力。在现代商业中，企业的价值不仅仅来自财务层面，还包括知识资本、人力资源、创新能力等方面。因此，仅仅依靠传统财务指标来评估企业的绩效和潜力已经显得不足够。如何开发更多元化、全面性的财务指标，更准确地衡量企业的价值创造能力，成为一个重要课题。

（三）不断变化的法规和会计准则

随着国际商业的交流和合作日益密切，各国的会计法规和准则也在不断变化和调整。这使得企业需要不断适应新的会计准则，进行财务信息的调整和披露。同时，不同国家的会计准则之间存在差异，企业需要进行跨国比较和调整，以确保财务信息的一致性和可比性。然而，这种不断变化的法规和准则给企业带来了财务报告的复杂性与不确定性，如何更好地应对不断变化的法规环境，提高财务报告的准确性和合规性，是一个迫切需要解决的问题。

（四）环境和社会责任的考量

在全球范围内，环境可持续性和社会责任日益受到关注。企业在经营过程中不仅需要考虑经济效益，还需要履行环境和社会责任，保护生态环境、维护社会稳定。然而，传统财务会计往往难以捕捉到企业在环境和社会方面的影响与表现。如何将环境影响和社会因素纳入财务会计信息中，如何进行绿色财务会计和可持续发展信息披露，已成为一个迫切需要解决的问题。

传统的财务会计方法难以满足多元化、复杂化的商业需求，而需要更灵活、准确、全面的财务信息来支持企业的决策和发展。同时，财务会计领域的创新也必然与技术的发展密不可分，信息技术、大数据、人工智能等技术的应用将为财务会计的创新提供强大的支持。因此，本书旨在深入探讨财务会计领域的创新问题，以期为财务会计理论和实践的进一步发展提供有益的启示和建议。

第二节　研究目的与意义

一、研究目标的明确化

在面对财务会计领域的多重挑战和问题时，本书旨在明确以下研究目标，以深入探讨财务会计领域的创新问题。

（一）探索财务会计创新的理论基础

本书将通过梳理相关文献和理论框架，探索财务会计创新的理论基础。通过对传统财务会计理论的综述和对比，分析传统理论在面对新挑战时的不足，为财务会计创新的提出和实践提供理论支持。

（二）分析财务会计创新的实践应用

通过案例分析和实证研究，本书将深入探讨财务会计创新在实践应用中的效果以及存在的问题。分析创新手段在不同企业和行业的应用情况，从中总结出成功的创新案例和经验教训，为其他企业的创新实践提供借鉴。

（三）探讨创新在企业可持续发展中的作用

本书将研究财务会计创新与企业可持续发展之间的关系，分析创新如何对企业的经济、环境和社会绩效产生影响。探讨创新在促进企业可持续性方面的作用，为企业在经济、社会和环境三个维度平衡发展提供新思路。

二、研究对财务领域的贡献

本书的意义不仅在于解决财务会计领域面临的现实问题，还在于为理论研究和财务领域的发展做出以下贡献。

（一）促进财务会计领域的创新思维

通过深入研究财务会计领域的创新问题，本书将为从业者和研究者提供新的思路和视角。探讨如何应用信息技术、数据分析等新手段，解决财务会计面临的问题，有助于激发财务领域的创新思维。

（二）提供实用性的创新建议

本书将通过案例分析和实证研究，总结出在实践应用中的创新经验和教训，为企业提供实用性的创新建议。这些建议将涵盖创新方法、技术应用、信息披露等方面，为企业在财务领域的创新实践提供指导。

（三）拓展财务会计理论的研究领域

本书将深入探讨财务会计创新的理论基础，为财务会计理论的进一步发展提供新的思路。通过对传统财务会计理论的反思和创新，有助于推动财务会计理论从传统的财务指标、报表设计等方面向更广阔的领域拓展。

通过明确研究目标和意义，本书将深入探讨财务会计领域的创新问题，为理论的发展和财务会计领域的实践提供有益的启示。

第三节　研究方法与框架

一、研究方法的选择与理由

在本书中，作者采用多种研究方法来深入探讨财务会计领域的创新问题。选择适当的研究方法是确保研究可信度和有效性的关键步骤。

（一）文献综述方法

作者首先采用文献综述方法，系统梳理和分析财务会计领域的相关文献和理论框架。这将帮助我们了解财务会计领域的现状、问题和趋势。通过对传统财务会计理论、创新案例等的综合分析，可以明确财务创新的基础和动因。

（二）案例分析方法

为了深入了解财务会计创新在实践应用中的效果和问题，我们将采用案例分析方法。选择不同行业、规模和地区的企业案例，分析其在财务会计领域的创新实践，探讨创新手段对企业的影响和价值。通过对成功案例和失败案例的比较分析，总结出创新实践中的成功因素和注意事项。

（三）实证研究方法

为了验证财务会计创新对企业绩效的影响，本书采用实证研究方法。通过收集大量的财务数据和相关指标，运用统计分析方法，探讨创新对企业经济、环境和社会绩效的影响程度，可以更客观地评估财务会计创新的实际效果。

二、分析框架的设计与构建

本书的分析框架将围绕着财务会计创新的必要性、方法和效果展开，具体构建如下：

（一）财务会计创新的必要性与挑战

本书深入分析财务会计领域面临的挑战，包括信息滞后性、财务指标的不足、法规变化、环境和社会责任等问题。通过对这些挑战的解析，明确财务会计创新的必要性，并引出创新的动因。

（二）财务会计创新的方法与应用

本书探讨财务会计创新的具体方法和应用。包括新数据采集方法、信息技术的应用、绿色财务会计的设计等方面。通过分析这些创新方法的优劣，可以为企业提供创新的思路和路径。

（三）财务会计创新的影响与可持续发展

本书研究财务会计创新对企业绩效的影响。通过实证研究方法从经济、环境和社会维度评估创新对企业可持续发展的影响程度，了解财务会计创新的价值和作用。

通过以上研究方法和分析框架的设计，本书将全面深入地探讨财务会计领域的创新问题。本书结合文献综述、案例分析和实证研究，从不同角度分析财务会计创新的动因、方法和效果，为财务会计领域的理论研究和创新实践提供有益的参考。

第二章　财务会计理论的基础知识

第一节　财务会计基本概念与原则

一、资产、负债、所有者权益的界定

在财务会计领域，资产、负债和所有者权益是构成财务状况表的核心要素，也是衡量企业财务经营状况的基础。因此，准确界定这些概念对财务会计的准确性和可比性至关重要。

（一）资产的定义与分类

1.资产的定义与意义

资产是指企业所拥有的、具有经济价值的资源，可以为企业带来未来经济利益。资产是企业在经营活动中的资源投入，包括现金、应收账款、存货、房地产、设备等。它们在企业的运营中发挥着重要作用，既支持其日常经营，也为其未来的增长和发展提供基础。

（1）资产的本质

资产是企业所拥有的、具有经济价值的资源，可以为企业带来未来经济利益。这些资源可以是物质的，如现金、存货、固定资产等，也可以是无形的，如专利、商标、声誉等。无论是物质还是无形，这些资源都可以对企业的运营和发展产生重要影响。

（2）资产的经济性质

资产作为企业投入的资源，具有经济性质。它们能够为企业带来未来的经济利益，如增加收入、减少成本、提高市场地位等。资产的存在使得企业能够进行经济活动，创造价值，并在市场竞争中取得优势。

（3）资产的重要作用

资产在企业的经营中发挥着重要作用。首先，流动资产如现金和应收账款，可以保障企业的日常运营，确保支付员工工资、供应商账款等。其次，非流动资产如固定资产和无形资产，可以为企业的长期发展提供支持，如生产设备、品牌价值等。这些资产不仅支持企业的正常经营，还为其未来的扩张和创新奠定基础。

（4）资产的价值体现

资产的价值体现在其能够为企业带来的未来经济利益。企业通过对资产的有效管理和利用，能够实现更多的收益和增值。例如，有效管理存货可以减少滞销和浪费，提高资产

周转率；合理运用无形资产和专利可以保护创新成果，赢得更多市场份额。

2. 资产的分类与特点

资产根据其流动性和使用期限可以分为不同的类别。主要的分类包括流动资产和非流动资产。

（1）流动资产

流动资产是指在一年内能够转化为现金或消耗的资产，它可以反映企业在短期内能够变现的资源。流动资产主要包括现金、应收账款、存货和短期投资等。

流动资产的特点在于其能够迅速转化为现金，用于可以支持企业的日常经营活动。例如，现金可以用于支付账款、采购原材料以及支付工资等。应收账款则代表企业从客户处应收的未来现金流入，而存货则包括企业准备销售的商品和产品。

（2）非流动资产

非流动资产是指在一年以上的时间内不能轻易转化为现金的资产，它可以反映企业的长期资本投资。主要包括固定资产、无形资产和长期投资等。

固定资产包括土地、建筑物、机器设备等，它们通常用于支持企业的生产和运营。无形资产则代表了企业的无形价值，如专利、商标和软件等。长期投资包括企业对其他公司股权的投资，如合资企业和子公司。

非流动资产的特点在于其需要较长的时间才能转化为现金。这些资产通常用于支持企业的长期发展，如购置设备、开发新产品以及扩大市场份额等。

资产的分类对评估企业的资产结构、流动性以及投资策略具有重要意义。同时，不同类型的资产需要采取不同的管理策略，以确保企业的经营和发展。

（二）负债的定义与分类

1. 负债的定义与意义

负债是指企业所承担的、具有经济利益流出且需要支付经济资源来清偿的义务。负债反映了企业对外部债权人的债务义务，如应付账款、借款、债券等。负债的存在使企业承担着未来偿债的责任。

（1）负债的本质

负债是指企业所承担的、具有经济利益流出的义务，需要支付经济资源来履行。它代表了企业对外部债权人的债务责任，反映了企业需要偿还的债务义务。负债的产生通常是因为企业从外部融资或从供应商购买商品和服务，形成了未来的付款义务。

（2）负债的经济性质

负债作为企业的债务责任，具有经济性质。企业需要根据合同规定支付现金或其他经济资源，以清偿负债。负债的存在反映了企业在经济活动中与外部债权人的关系，需要按时履行支付义务。

（3）负债的重要作用

负债在企业的经营中扮演着重要角色。首先，负债为企业提供了资金来源，支持了企业的运营和发展。通过融资活动，企业可以获得所需的资金，用于购置设备、扩大生产等。其次，负债使得企业能够在合适的时机进行投资和扩张，提高了企业的市场竞争力。

（4）负债的责任与风险

负债的存在使得企业需要承担未来的偿债责任。企业需要按时履行支付义务，否则可能会面临违约风险，影响企业声誉和信用。因此，负债的管理和偿还能力对企业的长期稳健经营至关重要。

2. 负债的分类与特点

负债根据其偿还期限可以分为不同的类别。主要的分类包括流动负债和非流动负债。

（1）流动负债

流动负债是指在一年内需要支付的债务，它反映了企业在短期内需要偿还的义务。流动负债通常与企业的日常经营活动相关，包括应付账款、短期借款、应付职工薪酬等。

流动负债的特点在于需要在相对较短的时间内支付。这将对企业的流动性和偿债能力产生重要影响。流动负债的支付需要依赖企业的现金流入，因此，合理的资金管理和流动资产的管理对保障企业正常偿债具有重要作用。

（2）非流动负债

非流动负债是指在一年以上的时间内需要支付的债务，它反映了企业的长期债务责任。主要包括长期借款、应付债券、递延所得税负债等。

非流动负债通常用于支持企业的长期投资和融资需求。企业通过发行债券、借款等方式融资，以支持项目的建设和扩大规模。与流动负债相比，非流动负债的支付周期较长，因此，企业需要通过长期盈利来保障偿债能力。

负债的分类对评估企业的债务风险、偿债能力以及财务稳定性具有重要意义。同时，不同类型的负债需要采取不同的财务管理策略，以确保企业的稳健经营和发展。

（三）所有者权益的定义与构成

1. 所有者权益的定义与意义

所有者权益是指企业的剩余资产，即资产减去负债后的余额。它代表了企业归属于所有者的部分，是所有者对企业资产的权利。所有者权益反映了企业的净资产价值，也被称为企业的净资产或股东权益。

（1）所有者权益的本质

所有者权益是指企业的剩余资产，即在扣除负债后，资产所留下的余额。这部分资产归属于企业的所有者，代表了所有者对企业所拥有资产的权利。所有者权益的变动反映了企业业务活动对企业净资产的影响。

（2）所有者权益的经济性质

所有者权益代表了企业所有者对企业资产的投资。所有者通过购买普通股、优先股等方式为企业提供了资金，并分享了企业的盈利和增值。所有者权益的变动反映了企业的盈利能力和经济绩效。

（3）所有者权益的构成

所有者权益由多个要素组成，主要包括股本、盈余公积、资本公积和未分配利润等。这些要素反映了企业的融资活动、盈利分配和资本变动情况。

（4）所有者权益的意义

所有者权益反映了企业的净资产价值，是企业财务状况的重要指标之一。它对企业的偿债能力、经济实力以及股东权益的保障具有重要意义。此外，所有者权益的增长代表了企业的盈利能力和发展潜力，对投资者、债权人等各方产生影响。

（5）所有者权益与企业治理

所有者权益也与企业治理密切相关。股东作为企业的所有者，对企业的经营管理和决策有着重要影响。所有者权益的变动情况可以反映出企业管理层的运营情况，从而引导着企业的治理结构和决策机制。

2.所有者权益的构成

所有者权益由多个部分构成，主要包括以下几个要素：

（1）股本

股本是企业从股东处融资所筹集的资本，是股东对企业投资的重要体现。股本分为普通股和优先股两种类型。

①普通股

普通股是股东作为企业所有者的主要方式之一，其持有普通股代表着对企业的一种所有权。普通股持有者享有公司盈利的权利，包括股息分配和资本增值。然而，普通股持有者在公司治理方面的权力相对较小，通常需要通过股东大会来行使其权利。

②优先股

优先股是一种具有特殊权益的股本类型，其持有者在分红和资产分配方面享有优先权。优先股持有者通常在企业分红时优先于普通股持有者获得股息。然而，在公司治理方面，优先股持有者的权力相对较为有限。

（2）盈余公积

盈余公积是企业在盈利过程中形成的未分配利润。这部分利润可以用于资本的扩充和分配。盈余公积反映了企业盈利后用于再投资或其他资本项目的一部分利润。

在财务会计中，盈余公积作为一种内部留存的利润形式，体现了企业的发展战略和财务政策。这部分资金可以用于扩大生产、研发创新、偿还债务等，对企业的长期发展具有积极影响。

（3）资本公积

资本公积是指非股本股东投入的资本，如实物资产等，超过其在企业中的账面价值部分。资本公积的产生通常是因为非股本股东以实物资产等形式投资于企业，从而增加了企业的资本规模。

资本公积在企业的财务报告中反映了企业非股本股东对企业的贡献。这些资本公积可以用于支持企业的扩张、技术升级等，对企业的可持续发展产生积极影响。

二、会计核心原则的解析

在财务会计中，会计核心原则是指为了保证财务信息的准确性、可靠性和可比性所制定的基本规则。这些原则构成了财务报告的基础框架，确保企业的财务信息得到正确记录和披露。

（一）全面核算原则

全面核算原则强调了对企业所有经济活动的全面和完整核算。这意味着所有交易都必须得到正确的记录，不能有任何遗漏，也不能虚报交易。通过遵循全面核算原则，财务报表能够准确反映企业的财务状况和经营业绩。

全面核算原则的核心目标是确保财务信息的真实性和可靠性。这一原则可以防止信息的失真和篡改，为内外部利益相关者可以提供准确的财务数据，从而帮助他们做出明智的决策。投资者、债权人、管理层等各方都依赖准确的财务信息来评估企业的经营状况和业务表现。

全面核算原则的实施需要严格遵循会计准则和规定，确保每一笔交易都得到适当的记录和分类。这需要会计人员具备高度的专业素养和严谨的工作态度。同时，内部控制和审计机制也起到了规范确保全面核算的重要作用。

通过全面核算原则，企业能够避免信息的遗漏和失真，可以提高财务信息的可靠性和可信度。这有助于维护企业的声誉和信誉，增强投资者和其他利益相关者的信心。同时，全面核算也是企业合规经营的基础，有助于预防违规行为和不当操作。

（二）会计实体原则

会计实体原则强调了将企业视为一个独立的经济实体，其财务状况不受企业所有者个人财务状况的影响。根据这一原则，企业在财务会计上被视为与其所有者分开的独立主体，应该单独进行财务核算和报告。这意味着企业的财务报表必须独立于企业所有者的个人财务报表编制和报告。

会计实体原则的核心目标是保持财务信息的客观性和准确性。通过将企业的财务活动与所有者的个人财务活动分离，可以确保财务报表真实地反映了企业的经济状况和交易情况，而不受个人所有者的影响。

这一原则的实施使得企业财务信息更具可靠性和可比性。投资者、债权人和其他利益相关者能够更好地理解和评估企业的财务状况，做出明智的决策。同时，会计实体原则还可以为企业提供在商业交往中保护其财务独立性的机制，确保财务信息不会被个人所有者的财务活动所混淆。

会计实体原则的遵循需要严格的财务核算和报告程序，以确保企业的财务报表独立于个人所有者的财务报表。这需要企业内部建立健全的内部控制机制，以防止任何违反会计实体原则的行为。

通过遵循这一原则，财务报表能够为利益相关者提供可信的财务信息，支持他们做出明智的决策。

（三）货币计量原则

货币计量原则强调了所有财务交易必须以货币单位进行度量和报告。根据这一原则，无论交易涉及何种资产、负债、收入或费用，其金额都必须以一定货币单位表示。这样可以确保不同类型的交易能够在同一标准下进行比较和分析。

货币计量原则的重要性在于它可以确保财务信息的可比性。由于所有交易都以相同的货币单位进行度量，利益相关者能够更容易地理解和分析企业的财务状况和经营情况。无论交易涉及多种不同类型的资产或负债，它们都可以通过货币单位进行统一的度量，从而实现跨越不同时间和企业的比较。

同时，货币计量原则也可以为企业提供一种统一的度量标准，有助于维护财务信息的一致性。不同类型的资产、负债、收入和费用在财务报表中都以相同的货币单位呈现，可以避免信息的混淆和不一致性。

然而，货币计量原则虽然在大多数情况下能够提供方便和可比性，但在一些情况下可能存在局限性。例如，某些无形资产和非货币性金融资产可能难以准确地以货币单位进行度量。在这些情况下，会计准则和规定可能需要进行特殊处理，以确保信息的准确性和合理性。

（四）成本原则

成本原则强调了企业应该以购买时的成本进行资产的计量和报告。根据这一原则，资产的初始成本应包括其购买价格以及与其获得和准备过程相关的支出。成本原则的核心在于通过记录实际购买成本来反映资产的价值，避免了资产价值的主观性和武断性估计。

成本原则的重要性在于它有助于保持财务信息的可比性和客观性。通过将资产的计量基础统一为购买时的实际成本，财务报表能够更准确地反映资产的实际价值。这种方式可以避免不同估值方法可能导致的资产价值差异，可以保持财务信息的一致性和可比性。

同时，成本原则能够避免资产价值的过高或过低估计。如果企业采用主观性的估值方法来计量资产，就可能会出现虚高或虚低的情况，导致财务信息失真。通过以实际成本进行计量，可以避免这些潜在的问题，提高财务信息的可靠性和准确性。

虽然成本原则在很多情况下是合适的，但也可能存在一些特殊情况。例如，某些资产可能难以购买时的成本进行准确计量，如无形资产的价值可能受市场因素的影响。在这些情况下，会计准则和规定可能需要进行特殊处理，以保持财务信息的合理性和准确性。

第二节　传统财务会计理论的综述

一、不同财务会计流派的观点对比

在传统财务会计理论中，存在着多个不同的流派和观点，这些观点在解释财务会计的目的、原则和方法上存在一定的差异。以下是几个主要的财务会计流派及其观点对比。

（一）历史成本会计流派

历史成本会计流派强调资产和负债应该以其购买时的成本进行计量，以保持财务信息的可比性和客观性。这一观点强调了成本原则的重要性，认为财务报表应该反映企业的历史交易和成本情况，以提供对过去经济活动的准确描述。在历史成本会计流派的观点中，资产和负债的计量应该基于实际交易发生时的金额，这可以避免主观判断和估计的影响，确保财务信息的可靠性。然而，这种方法可能无法准确反映资产的实际价值变动，尤其是在资产市场波动较大的情况下。

1. 历史成本会计流派的起源和原则

（1）起源

历史成本会计流派是会计学中的一个重要流派，其起源可以追溯到 19 世纪末 20 世纪初。这个流派的主要代表是意大利会计学家朱塞佩·加里布迪（Giuseppe Cerboni）和美国会计学家约翰·里斯科（John R. Wildman）。他们强调财务报表应该基于企业资产和负债的历史购买成本，以确保财务信息的可比性和客观性。

（2）原则

历史成本会计流派的核心原则在于资产和负债应当以其购买时的实际成本进行计量。这一观点基于以下几个关键原则：

①可比性与客观性

历史成本会计流派强调财务报表的可比性和客观性。通过使用统一的历史成本计量标准，不同企业和时间点的财务信息可以更容易地进行比较和分析。这有助于投资者、债权人和其他利益相关者做出明智的决策。

②成本原则的重要性

该流派认为，成本原则是会计准则的基石。财务报表应该反映企业的实际历史交易和成本，而不是基于主观估计或未来预期。这种方法可以提供对企业过去经济活动的准确描述，减少主观性和不确定性。

2.历史成本会计流派的优缺点

（1）优点

①可靠性

历史成本会计流派强调以实际交易发生时的金额进行计量，避免了主观估计的不确定性。这种方法可以提供可靠的财务信息，有助于建立信任和稳定的商业环境。

②保守性

历史成本会计流派倾向对资产进行保守计量，因为它们通常不会考虑资产的市场价值变动。这有助于避免过于乐观的估计，保护利益相关者的利益。

（2）缺点

①信息失真

历史成本会计流派忽视了资产价值的实际变动，可能导致财务报表中信息的失真。尤其是在资产市场波动较大的情况下，企业的真实财务状况可能被低估或高估。

②决策效用受限

由于历史成本会计未能反映资产实际价值，基于这种信息做出的决策可能无法最大化企业的效益。投资者和管理层需要更准确的信息来进行有效的战略规划和投资决策。

3.历史成本会计流派的发展与应用

（1）发展

随着时间的推移，会计学界逐渐认识到历史成本会计流派的局限性，尤其是在涉及资产价值波动和不确定性较大的情况下。这导致了其他会计流派的兴起，如市场价值会计、现值会计等，试图弥补历史成本会计的不足。

（2）应用

尽管历史成本会计流派的局限性，它仍然在实际中得到广泛应用。特别是在稳定的商业环境中，历史成本会计可以提供可靠的财务信息。许多国家的会计准则仍然强调历史成本会计作为财务报告的基础。

历史成本会计流派强调资产和负债应该以其购买时的成本进行计量，以保持财务信息的可比性和客观性。尽管它具有可靠性和保守性等优点，但在资产市场波动较大和需要更准确信息的情况下存在局限性。随着会计理论的不断发展，历史成本会计在一些领域可能会逐渐被其他流派所取代或补充。

（二）市场价值会计流派

市场价值会计流派主张资产和负债应该以其市场价值进行计量，以更准确地反映其实际价值。这一观点认为市场价值可以更好地反映资产的价值波动和企业的真实价值，有助于投资者和利益相关者作出更明智的决策。在市场价值会计流派的观点中，资产和负债的计量应该基于市场上的买卖价格，这可以更直接地反映市场参与者对资产价值的认知。然而，市场价格可能受到外部因素的影响，导致资产价值的波动不一定与企业内在价值相符。

1.市场价值会计流派的起源和原则

（1）起源

市场价值会计流派是会计学中的一个重要流派，其起源可以追溯到 20 世纪初。这个流派的主要代表包括美国会计学家尤金·卡斯（Eugene V. Kaysen）和威廉·帕特森（William Patterson）。他们强调财务报表应该基于资产和负债的市场价值进行计量，以更准确地反映企业的真实价值。

（2）原则

市场价值会计流派的核心原则在于资产和负债应当以其市场价值进行计量。这一观点基于以下几个关键原则：

①实际价值反映

市场价值会计流派认为，市场价格可以更好地反映资产和负债的实际价值。市场参与者的买卖行为反映了他们对资产价值的真实认知，因此使用市场价值进行计量可以更准确地反映资产的价值波动。

②投资者决策支持

投资者决策流派强调，投资者和利益相关者需要更准确的财务信息来做出明智的决策。市场价值会计可以提供更直观、更实用的信息，有助于投资者评估企业的价值和风险。

2.市场价值会计流派的优缺点

（1）优点

①真实性

市场价值会计强调使用市场价格进行计量，可以更真实地反映资产和负债的实际价值。这有助于避免历史成本会计流派中可能出现的信息失真问题。

②决策价值

市场价值会计提供了更有决策价值的财务信息。投资者和管理层可以更好地理解企业的市场地位和前景，从而做出更明智的投资和经营决策。

（2）缺点

①外部因素影响

市场价格受到各种外部因素的影响，如市场波动、宏观经济环境等。这可能导致资产价值的波动不一定与企业内在价值相一致，从而影响财务报表的准确性。

②信息不稳定性

市场价值会计可能导致财务信息的不稳定性。市场价格常常波动较大，这可能导致企业财务报表的价值变动频繁，给用户带来困扰。

3.市场价值会计流派的发展与应用

（1）发展

随着金融市场的发展和技术进步，市场价值会计在近年来得到了更多的关注。随着投资者对实时信息需求的增加，市场价值会计的概念也在逐渐扩展，涵盖了更广泛的资产类别和市场情境。

（2）应用

市场价值会计在某些特定领域得到了应用，如金融机构、证券市场等。一些企业可能在特定情况下选择使用市场价值会计，以更准确地反映其资产和负债的价值。

市场价值会计流派主张使用市场价值进行资产和负债的计量，以更准确地反映其实际价值。尽管它具有真实性和决策价值等优点，但市场价格的波动性和受外部因素影响等问题也应引起关注。

（三）实际产出会计流派

实际产出会计流派关注企业的实际产出和效益，强调财务报表应该反映企业创造的实际价值。这一观点认为财务信息应该以企业的效益为中心，更关注企业的经济绩效和创造的价值。在实际产出会计流派的观点中，财务报表应该更多地关注企业的实际效益，包括生产的产品和提供的服务。这可以更好地反映企业为社会创造的价值，但在实际操作中可能难以准确计量和度量。

1.实际产出会计流派的起源和原则

（1）起源

实际产出会计流派是会计学中的一个重要流派，其起源可以追溯到20世纪中期。这个流派的主要代表包括美国会计学家威廉·帕特森（William Patterson）和保罗·格尔（Paul Garner）。他们强调财务报表应该更加关注企业实际创造的价值，以反映企业的经济绩效和效益。

（2）原则

实际产出会计流派的核心原则在于财务报表应该以企业的实际产出和效益为中心。这一观点基于以下几个关键原则：

①实际价值反映

实际产出会计流派认为，财务报表应该更加关注企业的实际产出和为社会创造的价值。这可以更好地反映企业的经济绩效，使财务信息更具有实际价值。

②经济绩效强调

该流派强调，企业的经济绩效和创造的价值。财务报表应该更注重企业生产的产品和提供的服务，而不仅仅是传统的财务指标，如资产、负债等。

2.实际产出会计流派的优缺点

（1）优点

①实际价值突出

实际产出会计强调以企业的实际产出和效益为中心，更能反映企业为社会创造的价值。这有助于投资者和利益相关者更好地了解企业的实际经济贡献。

②社会责任体现

该流派关注企业的经济绩效和创造的价值，可以促使企业更加注重社会责任。企业在追求利润的同时，也会更积极地考虑其对社会和环境的影响。

（2）缺点

①计量难题

实际产出会计强调财务报表应该更关注企业的实际产出和效益，但在实际操作中，如何准确计量和度量这些产出和效益可能面临挑战。不同产出的价值往往难以直接比较，可能需要一些主观判断和估计。

②可比性问题

由于企业的产出和效益种类多样，不同企业之间可能存在难以比较的情况。传统的财务指标如资产、负债等在一定程度上提供了可比性，而实际产出会计可能在这方面存在一些局限。

3.实际产出会计流派的发展与应用

（1）发展

随着社会对企业社会责任和实际价值的关注增加，实际产出会计在近年来逐渐得到更多关注。许多企业开始关注其创造的实际价值，一些新的指标和方法也在不断涌现，试图更好地衡量和展示企业的经济绩效与社会效益。

（2）应用

实际产出会计在某些领域已经开始应用，如可持续发展报告、社会会计等。一些企业可能会采用一些非财务指标来衡量其创造的实际价值，以更好地满足社会和利益相关者的期望。

实际产出会计流派强调财务报表应该以企业的实际产出和效益为中心，更加关注企业的经济绩效和实际价值。尽管它具有实际价值突出和社会责任体现等优点，但在计量难题和可比性等方面可能存在一些挑战。

二、传统理论的局限性与争议点

尽管传统财务会计理论在一定程度上为财务信息的记录和报告提供了基础，但也存在一些局限性和争议点。

（一）忽视非货币性事项

传统财务会计理论主要以货币为度量单位，这在一定程度上导致了对非货币性事项的忽视。例如，无形资产如品牌价值、专利、人力资本等在现代企业中具有重要作用，但由于难以以货币单位精确度量，这些价值在传统财务报表中往往被忽略，导致企业价值被低估。

1.传统财务会计理论的货币主导

传统财务会计理论基于货币主导的原则，将货币视为衡量和比较财务信息的主要尺度。这种货币主导的方法在很大程度上方便了财务信息的记录、汇总和比较，但也存在一些局限。传统财务会计理论的货币主导原则主要包括以下方面：

（1）货币单位假设

财务会计假设货币是唯一的度量单位，所有财务信息都以货币的形式进行记录和报告。

（2）货币的普遍接受性

传统财务报表中的数值要求具有普遍接受性，即可以被广泛理解和接受。

2.非货币性事项的忽视

现代企业中，无形资产如品牌价值、专利、人力资本等越来越重要，它们直接影响企业的竞争力、市场地位和创新能力。然而，由于这些无形资产往往难以以货币单位进行精确度量，它们在传统财务报表中的反映相对有限。

（1）品牌价值

品牌价值是企业品牌形象和知名度的体现，直接影响消费者购买决策。然而，品牌价值难以用具体货币数值来衡量，导致其在传统财务报表中被忽视。

（2）专利和知识产权

专利和知识产权是企业的创新和技术资产，对企业的长期发展至关重要。但这些资产的价值往往无法简单地用货币来衡量，因此在传统财务报表中通常不被充分体现。

（3）人力资本

人力资本是企业员工的知识、技能和创造力，对企业的竞争力和创新能力有着深远影响。然而，人力资本的价值往往很难用货币来量化，因此在传统财务报表中被忽视。

（二）缺乏实时性

传统财务会计理论强调历史成本和稳定性，这导致财务报表的信息通常是滞后的。在当今快速变化的商业环境中，这种滞后性可能使投资者和利益相关者无法及时获得最新的、准确的信息来做出决策，影响了决策的及时性。

1.传统财务会计理论的历史成本和稳定性

（1）历史成本

传统财务会计理论强调将资产和负债以其历史成本进行计量，即购买时的实际金额。这种方法可以确保财务信息的可比性和客观性，但也导致了财务报表的信息滞后。历史成本原则要求企业在财务报表中反映资产和负债的原始购买价格，忽略了资产当前的市场价值或实际价值变动。

（2）稳定性

传统财务会计理论强调财务报表的稳定性，即在一个会计期间内，不会频繁地改变财务信息的呈现方式，以确保用户的理解和比较。稳定性原则要求企业在财务报表中保持一定的连续性和稳定性，避免频繁变更会计政策或估计方法。

2.缺乏实时性的问题

（1）商业环境的快速变化

在当今全球化、数字化和快速变化的商业环境中，企业面临着巨大的变革和不确定性。市场竞争、技术创新、法规变化等因素都可能在短时间内对企业产生重大影响。

（2）对投资者和利益相关者的影响

财务报表的滞后性可能使投资者和利益相关者无法及时获取最新的、准确的信息。这会影响他们做出有关投资、融资、经营等决策的能力和准确性。

3.实时性的重要性

（1）基于信息的决策

在快速变化的商业环境中，基于最新信息做出决策变得至关重要。投资者需要实时的数据来评估企业的表现和前景，管理层需要及时的信息来调整战略和经营计划。

（2）风险管理

实时信息可以帮助企业更好地识别和管理风险。如果企业无法及时获得相关信息，可能就会错过风险信号，导致问题的扩大和恶化。

（三）不适应复杂的商业交易

随着商业交易的日益复杂和多样化，传统财务会计理论可能难以适应这些变化。某些交易可能涉及多个方面，无法准确地以历史成本进行计量。此外，一些新兴的商业模式如订阅服务、共享经济等也难以用传统方法进行准确计量，导致财务报表难以全面反映企业的经济活动。

1.商业交易的复杂性和多样性

（1）日益复杂的商业交易

随着全球经济的不断发展，商业交易变得越来越复杂。企业之间的交易可能涉及多个层面，包括跨国业务、合资合作、供应链关系等。这些交易涉及多个因素，如不同法律体系、货币汇率、风险分配等，使得传统财务会计难以准确捕捉和反映。

（2）难以以历史成本计量的交易

一些商业交易可能涉及资产和负债的复杂组合，不容易准确地以历史成本进行计量。特别是在并购、重组等交易中，资产的价值可能会受到市场变化、商誉的影响等因素，使得历史成本计量难以全面反映交易的实际影响。

2.新兴商业模式的挑战

（1）订阅服务和共享经济

新兴的商业模式如订阅服务和共享经济已经在全球范围内崭露头角。这些模式涉及的交易可能与传统的一次性销售不同，传统财务会计理论难以准确捕捉这些模式的价值流动和收益模式。

（2）价值的时间分布

订阅服务和共享经济中，价值的时间分布可能与传统的一次性交易不同。例如，订阅服务可能涉及长期的收入流，而共享经济可能涉及多次小额交易的累积。这种价值的时间分布使得财务会计需要更灵活的方法来反映经济活动。

3.传统财务会计理论的限制

（1）历史成本计量的局限性

传统财务会计理论主要以历史成本为基础进行计量，忽略了资产和负债的实际价值变动。这在复杂的商业交易中可能导致信息的失真，无法准确反映交易的影响。

（2）无法捕捉全部经济活动

传统财务会计理论可能无法全面捕捉一些新兴商业模式中的经济活动。例如，在共享经济中，资产的使用和价值流动可能不同于传统的购买和销售模式，传统财务会计可能无法准确地体现这些活动。

第三节　财务会计与管理会计的关系

一、信息传递在财务会计与管理会计之间的作用机制

财务会计与管理会计作为企业内部不同领域的会计分支，在信息传递和管理决策中扮演着不同的角色，它们之间的关系紧密相连。

（一）财务会计信息传递

财务会计信息传递的核心目标是向外部利益相关者披露企业的财务状况和经营绩效，从而为他们的投资、信用决策提供准确的依据。这一传递过程涉及以下方面的作用机制：

1.信息的透明度与可比性

财务会计通过一致的会计准则和报告标准，确保企业的财务信息具有透明度和可比性。这使得外部利益相关者能够直观地对比不同企业的财务状况，从而更好地评估风险和获得机会。

（1）会计准则和报告标准的作用

财务会计通过遵循一致的会计准则和报告标准，确保企业的财务信息具有高度的透明度和可比性。会计准则和标准规定了财务报表的编制方法和披露要求，使得不同企业之间的财务信息可以进行直接的比较，降低信息不对称的风险。

透明度意味着财务信息的披露应该足够清晰和详尽，使外部利益相关者能够准确了解企业的财务状况和经营绩效。透明度有助于建立信任，促使投资者和债权人更愿意与企业合作。

（2）跨国企业的挑战

财务会计强调可比性，即不同企业的财务信息应当按照统一的标准进行编制和披露，使得外部利益相关者可以更容易地对比企业间的财务状况。可比性有助于投资者和分析师更准确地评估企业的绩效和风险。尽管会计准则的国际趋同性在不断增强，但不同国家的会计准则仍存在一定差异。跨国企业在报告财务信息时可能面临会计差异带来的可比性问题。国际会计准则的推广和采用有助于解决这一问题，提高全球范围内财务信息的可

比性。

2.投资者的决策支持

财务报表中的信息，如资产负债表和损益表，为投资者提供了关于企业财务稳健性和盈利能力的数据。投资者可以根据这些信息，判断是否购买、持有或出售股票或债券。

（1）资产负债表的作用

资产负债表是财务报表的一个重要组成部分，它展示了企业在特定时间内的资产、负债和所有者权益的情况。投资者可以通过分析资产负债表，了解企业的财务稳健性和偿债能力。

投资者可以根据资产负债表中的短期负债与流动资产的比例，判断企业是否有足够的流动资金来偿还短期债务。这有助于投资者评估企业的偿债能力，避免因偿债风险导致的投资损失。

（2）损益表的意义

损益表反映了企业在一定时期内的收入和费用情况，从而揭示了企业的盈利能力和经营绩效。投资者可以通过分析损益表，了解企业的盈利情况和经营效率。

投资者可以根据损益表中的净利润、毛利率等指标，评估企业的盈利能力。这有助于投资者判断企业是否有足够的盈利能力来支持回报股东和其未来的发展。

3.债权人的信用评估

债权人（如银行）使用财务报表来评估企业的偿债能力和信用风险。银行会关注企业的流动性和债务比例等指标，以确定是否愿意向企业提供贷款。

（1）债权人的关注点

债权人，如银行和债券持有人，关心的是企业的偿债能力和信用风险。债权人希望确保企业有足够的能力偿还债务。

债权人通过分析财务报表中的财务指标，如流动比率和债务比率，来评估企业的偿债能力。流动比率可以帮助债权人判断企业是否有足够的流动资金来偿还短期债务，而债务比率则可以显示企业的债务负担水平。

（2）信用评级的影响

债权人的信用评级直接会影响企业融资的成本和条件。具有较高信用评级的企业通常能够获得更有利的贷款利率和债券发行条件，可以降低融资成本。

财务报表中的财务信息可以为债权人提供直接的数据支持，帮助他们进行信用评估。债权人会关注企业的财务稳定性、偿债能力和流动性等指标，以确定是否愿意向企业提供贷款。

（二）管理会计信息传递

管理会计信息传递主要关注企业内部管理层的信息需求，以帮助他们做出更好的决策。以下是管理会计信息传递的作用机制：

1.资源分配优化

管理会计提供关于不同项目、产品或部门的成本和效益信息。管理层可以根据这些信息来优化资源分配，确保资源被用于使企业利益最大化的领域。

（1）成本与效益信息

管理会计提供关于不同项目、产品或部门的成本和效益信息。这些信息帮助管理层了解各个领域的经济状况，从而更准确地决定如何分配有限的资源。

（2）成本分析的重要性

通过管理会计的成本分析，管理层可以识别出哪些项目或产品的成本较高，哪些能够带来更高的效益。这有助于优化资源分配，将资源投入最有前景的领域，提升整体效率和盈利能力。

2.绩效评价与激励

管理会计为内部员工提供绩效评价的数据，帮助管理层更客观地制订激励计划。通过监控员工的绩效表现，管理层可以调整激励政策以实现业绩目标。

（1）绩效评价的数据支持

管理会计为内部员工的绩效评价提供了数据支持。通过监控关键绩效指标，如销售额、利润率、生产效率等，管理层能够客观地评估员工的工作表现。

管理会计信息有助于制订更公平合理的激励计划。通过基于绩效数据制定激励政策，可以确保激励与绩效挂钩，激励员工在各个层级都可以为企业创造价值。

（2）业绩目标的实现

管理会计信息可以帮助管理层监控业绩目标的实现情况。当业绩达到预期时，可以通过激励计划奖励员工，鼓励他们继续努力工作。

3.战略制定与调整

管理会计信息支持管理层制订企业的长期战略和短期计划。管理层可以根据市场趋势和内部资源情况，调整战略方向以适应不断变化的商业环境。

（1）长期战略的制定

管理会计信息支持管理层制定企业的长期战略。通过分析市场趋势、行业竞争以及内部资源情况，管理层可以基于可靠的数据做出战略性的决策。

管理会计提供的数据可以帮助管理层避免凭空假设或主观判断制定战略。数据驱动的决策使得企业更有可能在竞争激烈的市场中获得成功。

（2）商业环境的变化与调整

随着商业环境的变化，管理会计信息帮助管理层灵活地调整战略。通过监控经济指标、市场变化以及内部绩效，管理层可以随时做出反应，使战略保持与时俱进。

（三）信息传递的作用机制

财务会计和管理会计之间的信息传递是相互关联的，二者在信息的采集、处理和传递过程中相互影响。财务会计的信息披露为管理会计提供了基础数据，管理会计根据这些数据进行进一步的分析和解读，以便为内部管理层提供更详细、深入的信息。反过来，管理会计的信息也可以对财务会计的数据进行补充和解释，使外部利益相关者更好地理解企业的经营情况和未来发展方向。

1.财务会计数据为管理会计提供基础

财务会计提供了企业的财务状况、盈利能力和现金流量等方面的信息，这些数据成为管理会计进行进一步分析和解读的基础。管理会计可以根据财务报表数据，对成本、利润进行更详细的分析，以便为内部管理层提供更深入的信息。

2.管理会计分析丰富财务会计信息

管理会计的信息不仅关注财务指标，还包括成本、效益、预算和绩效等方面的数据。这些数据能够对财务会计的信息进行进一步的解读和分析，帮助管理层更好地知晓企业的经营情况和绩效表现。

3.管理会计数据弥补财务会计的局限性

财务会计的信息往往以历史成本为基础，难以适应快速变化的商业环境。管理会计则强调内部数据的实时性和灵活性，能够提供更具体、敏感的信息，帮助管理层更准确地预测和应对市场变化。

4.管理会计信息支持财务会计的解释

管理会计的数据可以为财务会计的报表提供解释和补充。例如，一家企业出现亏损，管理会计可以通过成本分析和绩效评估，揭示出现亏损的原因和未来改进方向，使外部利益相关者更好地了解企业的财务状况。

财务会计和管理会计之间的信息传递是一种协同作用的关系，相互交流和互补。通过这种协同作用，企业内外部的决策者能够在更全面、准确的基础上制定战略、进行资源分配，并应对不断变化的商业环境，从而实现可持续的发展。

二、整合财务与管理会计以支持决策

实现财务会计与管理会计的有效整合，有助于提升企业的决策制定和执行效率，从而实现更好的经营绩效和竞争优势。

（一）综合信息支持决策

财务会计和管理会计的信息可以相互补充，从而提供更全面的决策支持。管理会计的成本分析、绩效评价等信息可以为财务会计的财务报表解释和原因分析，使财务信息更具深度和实用性，而财务会计的财务状况和经营绩效也可以为管理会计提供了数据基础，帮助管理层更准确地进行资源配置和决策制定。

1.财务会计和管理会计的相互补充

（1）财务会计的角色

财务会计是一种制度化的财务信息记录和报告过程，旨在为外部利益相关者，如投资者、债权人、监管机构等，提供有关企业财务状况和经营绩效的信息。财务会计的核心任务是制定财务报表，包括资产负债表、利润表和现金流量表，以及附注和管理层讨论与分析。

财务报表旨在向外部利益相关者提供企业的财务状况、经营绩效和现金流量等信息，以便他们能够评估企业的经营状况、风险水平和潜在回报。

（2）管理会计的角色

管理会计是为内部管理层提供信息，以支持内部决策制定和业务管理的过程。它强调对成本、绩效、预算等方面的分析，以便管理层能够更好地了解企业的经营状况，制定战略，进行资源配置。

管理会计的信息可以帮助管理层制定各种决策，包括产品定价、投资决策、生产计划等，从而提高决策的准确性和效率。

2.相互补充的优势

（1）财务会计为管理会计提供数据基础

财务会计的财务报表为管理会计提供了数据基础。管理会计需要了解企业的财务状况和经营绩效，以便更好地制定成本分析、预算和绩效评价等管理决策。

（2）管理会计解释财务会计信息

管理会计的成本分析、绩效评价等信息可以帮助解释财务会计报表的原因和动因。例如，通过成本分析可以揭示某个产品的成本结构，从而解释其在财务报表中的利润表现。

（3）综合信息支持决策

财务会计和管理会计的信息相互结合，可以为决策提供更全面的支持。财务报表可以提供企业的财务状况和经营绩效概览，而管理会计的信息可以为这些数字背后的现象提供深入分析。

3.财务会计与管理会计的协同作用

（1）财务会计为管理会计提供依据

财务报表中的数据可以为管理会计的成本分析、预算编制等提供依据。例如，财务报表中的销售收入数据可以用于制定销售预算，从而指导营销策略的制定。

（2）管理会计深化财务会计的理解

管理会计的成本分析、绩效评价等信息可以深化对财务报表数据的理解。例如，通过成本—效益分析，可以更好地理解某个产品的利润构成和价值创造过程。

（二）协同决策制定

财务会计和管理会计的整合可以促使不同部门之间更紧密的协同工作，共同参与决策制定。通过在决策过程中融入财务和管理会计的数据，不同部门可以更好地了解各自决策的财务影响，从而做出更明智的选择，避免因局部决策而导致的整体不协调和风险。

1.财务会计和管理会计的整合

（1）财务会计的特点

财务会计主要关注企业的财务状况和经营绩效，以制定财务报表为核心任务，为外部利益相关者提供信息，评估企业的经营状况、风险水平和潜在回报。

（2）管理会计的特点

管理会计关注企业内部的成本、效益、资源分配等信息，以支持内部管理层的决策制定和业务管理。管理会计的信息可以帮助内部管理层制定各种决策，包括成本控制、资源配置、绩效评价等。

2.协同决策制定的优势

（1）更全面的信息支持

财务会计和管理会计的整合可以为决策提供更全面的信息支持。财务会计提供财务状况和经营绩效的整体情况，而管理会计可以提供更详细的成本、效益等内部数据，从而使决策更具深度和准确性。

（2）风险的综合评估

财务会计和管理会计的整合可以帮助综合评估决策的风险。财务会计可以提供整体的财务状况，而管理会计的信息可以揭示各个部门或项目的成本、收益等，从而更好地了解决策可能带来的风险和回报。

（3）避免局部决策的不协调

通过整合财务会计和管理会计的数据，可以避免由于不同部门之间的局部决策而导致的整体不协调。不同部门可以更好地了解各自决策对整体的影响，从而在决策过程中更好地协调合作。

3.财务会计与管理会计的协同作用

（1）财务会计为管理会计提供数据基础

财务会计的财务报表为管理会计提供了数据基础。管理会计需要了解企业的财务状况和经营绩效，以便更好地制定成本分析、预算和绩效评价等管理决策。

（2）管理会计解释财务会计信息

管理会计的成本分析、绩效评价等信息可以帮助解释财务会计报表的动因。例如，通过成本分析可以揭示某个产品的成本结构，从而解释其在财务报表中的利润表现。

（三）绩效评价和持续改进

整合财务和管理会计的信息可以帮助企业进行绩效评价和持续改进。管理层可以通过对财务和非财务信息的综合分析，更准确地评估不同业务部门的绩效，并制定相应的改进策略。这种绩效评价和改进可以实现更有效的资源配置和业务优化，从而提升企业整体的竞争优势和促进其可持续发展。

1.绩效评价与持续改进

（1）绩效评价的重要性

绩效评价是企业衡量其经营活动成功程度的过程，有助于识别企业的强项和改进领域，从而为制定未来的战略和决策提供依据。

绩效评价旨在测量和评估企业在不同方面的表现，包括财务和非财务维度。这有助于管理层了解业务的优势和薄弱环节，以制订更有针对性的改进计划。

（2）持续改进的意义

持续改进是企业在不断追求卓越的过程中的核心要素，有助于提高效率、质量和创新能力，从而增强企业的竞争力和可持续发展。

持续改进强调不断地寻求优化和创新，以适应市场变化和客户需求的变化。通过持续改进，企业可以更好地适应外部环境的变化，保持竞争优势。

2.整合信息支持绩效评价

（1）财务和非财务信息的整合

整合财务和管理会计的信息可以为绩效评价提供更全面的视角。财务会计可以提供财务状况和经营绩效的数据，而管理会计可以提供成本、效益、绩效评价等更详细的信息，这些信息的综合分析有助于更准确地评价企业的绩效。

（2）跨部门视角

通过整合不同部门的信息，可以帮助管理层全面了解企业各个业务部门的绩效。例如，销售部门的销售额增长可能会在财务报表中得到体现，而生产部门的效率提升可能在管理会计数据中反映出来。

（四）制定综合决策

在企业的决策过程中，综合考虑财务和管理会计的信息可以帮助管理层制定更具有整体性和长远性的决策。财务会计可以提供企业的财务状况和盈利能力等方面的数据，而管理会计则可以提供成本、效益、风险等更详细的内部数据。综合这些信息，管理层可以更全面地评估决策的影响和后果，从而做出更符合企业整体利益的决策。

1.综合决策的重要性

（1）决策的复杂性

企业面临众多复杂的决策，涉及资源的分配、战略制定、投资决策等多个方面。这些决策往往需要考虑众多因素，包括财务和非财务因素。

综合考虑财务和管理会计的信息可以使决策更全面、更准确。财务会计可以提供企业整体的财务状况，而管理会计则可以提供更详细的内部数据，综合这些信息有助于制定更具整体性和长远性的决策。

2.财务会计和管理会计信息的综合利用

（1）财务会计信息的特点

财务会计提供了企业的财务状况、盈利能力等方面的数据，是外部利益相关者了解企业健康状况的重要依据。然而，财务会计信息可能受到会计政策的影响，无法充分反映企业的经营细节和内部情况。

（2）管理会计信息的特点

管理会计关注内部的成本、效益、风险等信息，为内部管理层提供数据支持。管理会计可以提供更详细和深入的数据，能够帮助管理层更好地了解不同业务部门的情况，评估不同决策对内部运营的影响。

3.综合考虑的优势

（1）全面评估决策影响

通过综合考虑财务和管理会计的信息，管理层可以更全面地评估决策的影响和后果。这有助于避免片面决策导致的不良后果。

（2）长远性的决策

综合考虑可以帮助制定长远性的决策。管理会计的信息可以揭示在一些短期内不容易体现的长远影响，有助于制定符合企业长远发展目标的决策。

（3）风险评估与风险管理

管理会计的信息可以帮助评估决策的风险，并制定相应的风险管理策略。综合考虑可以使风险评估更准确，降低风险对决策的不确定性。

（五）灵活适应变化

整合财务和管理会计信息可以使企业更灵活地适应不断变化的商业环境。管理会计的灵活性和实时性可以为企业提供及时的内部决策支持，帮助企业快速调整战略和资源配置。财务会计的稳定性和可比性则为企业在外部市场中维护信誉提供了保障。

1.灵活适应变化的挑战

企业在不断变化的商业环境中面临着许多挑战，包括市场需求的波动、竞争压力的增大以及技术进步带来的变革等。为了在这样的环境中保持竞争力，企业需要能够迅速、灵活地适应这个变化。

2.管理会计的灵活性和实时性

（1）灵活性的优势

管理会计关注内部运营和决策支持，其信息通常更具灵活性。这使得企业能够更快地做出调整，根据内部情况迅速调整战略、资源配置和业务流程。

（2）实时性的重要性

管理会计信息通常是实时的，能够反映企业内部的最新状况。这种实时性使得管理层能够基于最新数据做出决策，而不必等待财务报表的周期性发布。

3.财务会计的稳定性和可比性

（1）稳定性的保障

财务会计强调历史成本和稳定性，确保财务信息的可靠性和一致性。这种稳定性为企业提供了一个稳定的基础，使其能够在不确定的环境中保持相对的稳定性。

（2）可比性的优势

财务会计强调可比性，即不同企业之间的财务信息可以进行比较。这有助于企业在外部市场中维护信誉，让投资者和利益相关者更容易了解企业的财务状况。

4.整合财务和管理会计的优势

（1）综合内外因素

整合财务和管理会计的信息可以综合考虑内部和外部因素，从而更全面地适应变化。

管理会计提供实时、灵活的内部数据，帮助企业在内部做出迅速决策，而财务会计提供稳定、可比的外部数据，为企业在外部市场中保持信誉提供支持。

（2）快速决策和长远规划

整合信息使得企业能够更快速地做出应对市场变化的决策，同时能够进行长远的规划。管理会计的实时数据支持迅速的应变，而财务会计的稳定数据支持长期战略的规划。

财务会计和管理会计在信息传递和决策支持方面发挥着不同的作用，但二者之间也存在紧密联系和相互依赖的关系。整合财务与管理会计的信息有助于弥补各自的局限性，提供更全面、准确的信息基础，支持企业在不断变化的商业环境中做出明智的决策，实现长期的可持续发展。

这种整合不仅为企业内部管理提供了更强大的支持，也为外部利益相关者提供了更准确、全面的企业评价依据，促进了企业与外界的有效沟通和合作。因此，深入理解和应用财务会计与管理会计的整合对企业的成功和可持续发展具有重要意义。

第三章 财务会计创新的必要性与价值

第一节 传统财务会计的局限性

一、数据滞后性带来的决策问题

在传统财务会计体系中，财务报表的编制和披露通常需要一定的时间，导致财务信息的滞后性。这种滞后性可能会给企业的决策制定带来问题。财务报表通常反映的是在过去一段时间内的财务状况和业绩，而在快速变化的商业环境中，企业需要更及时的信息来做出决策。由于数据滞后，企业可能难以准确捕捉市场机会、应对突发事件，从而影响决策的敏捷性和灵活性。

（一）数据滞后对市场机会的把握造成困难

在竞争激烈的市场中，市场机会的把握往往是企业成功的关键之一。然而，传统财务报表的数据滞后性使得企业难以迅速获得当前市场的最新信息。如果企业错过了某个市场机会，可能就会导致失去竞争优势，影响业务增长和盈利能力。

1. 对市场趋势的迟钝反应

由于财务报表的滞后性，企业往往需要一段时间来编制和审核报表，然后再进行披露。在这个过程中，市场趋势可能已经发生了变化。企业只能根据在过去一段时间内的数据来评估市场趋势，而无法实时了解市场的最新动态，从而导致对市场趋势的反应迟钝。

（1）数据滞后性与市场趋势的不匹配

财务报表的编制需要时间，从数据采集、处理到审核发布，这一过程通常需要数周甚至数月。然而，市场趋势可能在短时间内发生剧变。企业仅仅依靠过去一段时间的数据来预测市场趋势，很可能错过市场中的重要转折点，无法准确预测和适应市场的动态变化。

①市场趋势的快速变化

在数字化时代，市场趋势可以因外部因素（如竞争、技术变革、消费者趋势等）和内部因素（如企业决策、营销策略等）发生快速变化。财务报表的滞后性使得企业只能基于过去的数据来分析市场，这在一些快速变化的行业如科技领域尤为明显，可能导致企业的决策落后于市场的实际情况。

②市场趋势的预测困难

财务会计的滞后数据会对市场趋势的预测造成困难。企业常常需要预测市场的未来变化，但由于财务数据无法及时反映当前的市场状态，预测的准确性会大大降低。这可能导致企业在制定战略和规划方向时存在不确定性，从而增加决策的风险性。

（2）市场机会的错失和竞争劣势

由于滞后数据，企业可能错失了许多有利的市场机会。当市场出现变化时，企业需要敏捷地调整战略以抓住机会。然而，财务会计的数据往往无法在市场机会出现前及时提供，导致企业无法及时做出调整，从而失去了一些有利的竞争机会。

（1）机会成本的考量

市场趋势的迅速变化意味着错失一个机会可能会给企业带来机会成本。企业可能因为依赖过去的数据而未能及时抓住市场机会，而这些机会可能在市场恢复平稳后难以再现。这可能导致企业长期处于竞争劣势状态，影响盈利和市场份额。

（2）竞争对手的反应

市场趋势的变化不仅影响单个企业，还会影响整个行业格局。若一个企业无法迅速适应市场变化，其竞争对手可能就会抢先一步，利用更及时的信息制定战略并占领市场份额。企业的滞后反应可能导致竞争优势的丧失，甚至面临被替代的风险。

2.对市场需求的误判

数据滞后性还可能导致企业误判市场需求。企业可能根据过去的数据来预测市场需求，但如果市场需求在数据报表发布之后发生了变化，企业的预测就可能失准。这可能导致过多或过少地生产产品，从而影响供应链的效率和成本。

（1）数据滞后与市场需求的不匹配

数据滞后性意味着企业所获得的财务信息来自过去的一段时间，而市场需求可能在此期间发生了变化。企业根据过去的数据来预测市场需求，可能无法准确把握市场的实际情况，从而导致对市场需求的误判。

①新兴趋势的忽视

市场需求的变化常常由新兴趋势、消费者偏好的改变以及竞争对手的行动所引发。然而，财务报表所反映的数据往往无法及时体现这些变化，导致企业难以及时捕捉并适应新兴趋势。如果企业未能及时意识到市场需求的变化，就可能错过重要的商机。

②季节性和突发事件的影响

市场需求往往受到季节性和突发事件的影响，如节假日促销、自然灾害等。然而，财务数据滞后性可能导致企业在制订生产计划、采购和库存管理时忽视这些因素的影响，从而导致供求失衡，影响生产效率和成本控制。

（2）供应链效率和成本控制的挑战

市场需求的误判可能导致企业生产过多或过少的产品，从而影响供应链的效率和成本控制。如果企业误判了市场需求，过多生产就可能导致库存积压，增加仓储成本和折旧费用；过少生产则可能导致缺货，影响客户满意度和市场份额。

①过多生产的影响

当企业错误预测市场需求并过多生产产品时，就可能面临库存积压的问题。库存积压不仅可以增加仓储成本，还可能导致产品过时失效，造成资源浪费。此外，库存积压可能意味着企业需要降低产品价格以清库存，从而降低盈利水平。

②过少生产的影响

相反，如果企业误判市场需求并过少生产产品，就可能导致供货不足，无法满足客户需求。这不仅影响客户的满意度和忠诚度，还可能导致竞争对手抓住机会，占领市场份额。此外，频繁的生产调整和补货可能会增加企业的生产成本。

（3）决策的不确定性与风险

数据滞后性导致市场需求误判，可能增加企业的决策不确定性和风险。企业很难准确预测市场的实际需求，从而导致决策的不稳定。不确定性的增加可能使企业的战略规划、资源配置和市场拓展变得更加困难，增加了决策的风险性。

①销售预测的不准确性

市场需求的误判会影响企业的销售预测准确性。销售预测是制定生产计划和供应链战略的基础，而数据滞后性可能导致销售预测与实际市场需求不匹配，从而影响企业的生产和库存管理。不准确的销售预测可能导致过度生产或供应不足，进而影响了供应链的顺畅运作。

②资源配置的挑战

市场需求误判可能导致企业资源的不合理配置。如果企业根据错误的市场需求预测进行资源投入，就可能导致资源的浪费或不足。资源的浪费会增加企业的成本，而资源不足则可能导致无法满足实际需求，影响产品质量和交付时间。

（二）数据滞后对风险管理的影响

在商业环境中，突发事件和风险随时可能发生，企业需要迅速做出反应来减轻损失。然而，由于财务信息的滞后性，企业难以及时了解风险的影响程度和采取应对措施。这可能导致企业无法迅速采取适当的措施来降低风险，从而增加损失的可能性。

1.风险评估的不准确性

财务报表中的数据无法反映尚未发生的风险事件，而只能反映过去一段时间的业务情况。这使得企业难以准确评估当前和未来的风险情况。当突发风险发生时，企业可能会因为缺乏实时信息而做出不适当的决策，增加了损失的风险。

（1）数据滞后导致信息不准确

财务报表反映的是过去一段时间的经济活动，而无法预测或反映尚未发生的风险事件。这使得企业难以准确评估当前和未来的风险情况。例如，在全球经济不稳定的背景下，金融市场可能在短时间内发生剧烈波动，导致企业的投资价值迅速下降。然而，财务报表无法提供关于未来市场波动的信息，企业可能会低估市场风险的程度。

（2）无法预测突发风险

财务报表往往无法预测突发性风险事件，如自然灾害、政治动荡等。在这些情况下，企业需要在极短时间内做出应对决策，而财务报表无法提供实时的信息来指导决策。例如，一家制造企业可能在财务报表发布后遭受供应链中断，由于财务报表无法反映这种突发事件，企业可能无法及时调整生产计划，导致生产中断和订单延误。

（3）不完全考虑未来风险

财务报表主要关注过去的经济活动，很少涉及对未来风险的考虑。然而，企业的风险管理需要综合考虑未来的不确定性。例如，一家科技公司可能在财务报表上展示出良好的盈利能力，但如果没有考虑到技术变革和市场竞争可能带来的风险，企业可能会在未来面临市场份额下降的风险。

（4）影响风险管理的决策

由于数据滞后，企业在面临风险时可能会做出不适当的决策。例如，如果一家企业依赖财务报表来评估市场趋势，当市场情况发生变化时，企业可能会因为缺乏实时信息而做出错误的决策，从而增加了损失的风险性。

2.对风险管理策略的制定造成障碍

数据滞后性还可能影响企业制定风险管理策略。企业需要基于最新的市场情况和风险状况来制定应对策略，然而财务报表无法提供及时的信息支持。这可能使企业在制定风险管理策略时缺乏准确的数据支持，影响策略的有效性和实施效果。

（1）缺乏及时信息支持

有效的风险管理策略需要基于准确、全面的信息来制定。然而，由于财务报表的滞后性，企业无法及时获取最新的市场情况、竞争态势和风险状况。例如，一家零售企业可能需要根据当前的市场需求和竞争情况来制定库存管理和定价策略，而财务报表可能无法提供即时的销售数据和竞争对手信息，从而影响策略的制定。

（2）无法预测新兴风险

随着商业环境的不断变化，新的风险可能随时出现，而传统财务报表很难预测这些新兴风险。例如，随着科技的发展，数据安全和网络攻击等风险逐渐成为企业面临的挑战，然而这些风险在财务报表上可能没有体现，从而使企业难以制定相应的风险管理策略。

（3）限制策略的灵活性

数据滞后性可能会限制风险管理策略的灵活性。企业需要能够根据市场变化和风险状况及时地调整策略，以应对不断变化的风险环境。然而，如果财务报表无法提供实时的数据支持，企业可能就会在策略调整时面临困难，从而使策略无法及时适应新的风险挑战。

（4）影响策略的有效性和实施效果

缺乏准确的数据支持可能会影响风险管理策略的有效性和实施效果。如果企业制定的风险管理策略没有基于最新的市场情况和风险状况，策略可能无法有效地降低风险损失。例如，一家金融机构根据滞后的财务数据制定信贷风险评估策略，然而如果未能及时考虑到市场的变化和借款人的信用状况，策略就会无法准确评估风险，导致信贷损失的增加。

（5）难以应对不确定性和复杂性

现代商业环境充满不确定性和复杂性，企业需要在多变的情况下制定应对策略。然而，传统财务报表往往无法提供足够的信息来应对这种不确定性和复杂性。企业可能会因为无法准确预测市场趋势和竞争动态而制定过于保守或过于激进的策略，从而影响策略的实施效果。

二、单一财务指标对企业绩效评估的不足

传统财务会计主要关注企业的财务状况和盈利能力，通常以财务报表中的指标如净利润、营业收入等来评估企业的绩效。然而，单一财务指标无法全面反映企业的价值创造和持续发展情况。例如，仅关注净利润可能忽视企业的投资、创新和市场份额等方面的表现。同时，过度追求短期的财务指标可能导致企业忽视长期战略和可持续性的发展。

（一）忽视非财务绩效因素

单一财务指标主要关注财务数据，而忽视一些重要的非财务绩效因素，如客户满意度、员工士气、创新能力等。这些因素在影响企业长期发展和可持续性方面发挥着关键作用。例如，一家企业虽然在财务报表上表现良好，但如果其产品质量和客户服务不佳，可能就会导致客户流失和声誉受损，最终影响企业的长期发展。

1.非财务绩效的重要性

非财务绩效因素在当今商业环境中变得越来越重要。员工的创造力和创新能力、客户满意度、企业的社会责任等都对企业的价值创造和可持续发展产生重要影响。忽视这些因素可能使企业在追求短期财务指标的同时忽略了长期价值体系的构建。

（1）创新能力和创造力的促进

非财务绩效因素中的创新能力和创造力对企业的持续创新与竞争优势至关重要。创新能力可以帮助企业开发新产品、新服务以及新市场，从而扩展业务领域，提高市场份额并创造新的收入来源。例如，一家科技公司的创新能力可以通过其推出的新产品是否能够满足市场需求来影响公司的长期增长。

①创新对企业的影响

创新不仅关乎产品和服务，还涉及业务流程、管理方式和市场营销等方面。企业通过创新可以降低成本、提高效率，同时可以满足消费者不断变化的需求，从而赢得市场竞争的优势。

②鼓励创新的环境

为了促进创新，企业需要营造一个鼓励员工提出新想法和尝试新方法的文化氛围。这可能包括提供创新奖励、鼓励团队合作和知识共享，以及为员工提供培训和发展机会。

（2）客户满意度的提升

客户满意度是企业成功的关键因素之一。满意的客户更有可能成为忠实客户，为企业

带来持续的收入和利润增长。非财务绩效因素中的客户满意度可以反映企业产品和服务的质量、性能和价值。例如，一家餐饮连锁企业的成功在很大程度上取决于食品质量、服务态度和就餐环境，而这些都直接影响着顾客的满意度。

①重要性和影响

满意的客户通常会向其他人推荐企业的产品或服务，从而扩大企业的客户基础。另外，客户满意度也可以降低客户流失率，减少售后维护成本，提高客户忠诚度，从而为企业创造更稳定的现金流。

②收集客户反馈

为了提升客户满意度，企业需要积极收集客户的反馈和建议。通过了解客户的需求和期望，企业可以有针对性地改进产品、优化服务，从而不断提升客户体验。

2.评估非财务绩效的挑战

衡量非财务绩效因素可能更加复杂和主观。例如，客户满意度难以用精确的数字来衡量，可能需要进行调查和定性分析。然而，虽然非财务绩效的评估可能更具挑战性，但它们对准确评估企业绩效的完整性和全面性至关重要。

（1）主观性和复杂性

非财务绩效因素通常涉及多个方面，如员工满意度、创新能力、社会责任等。这些因素不容易用精确的数字来衡量，而更多的需要进行定性分析。例如，客户满意度可能需要通过调查问卷或深入访谈来获得数据，而这些数据的分析往往涉及主观性判断和解释。

①数据收集的复杂性

为了衡量非财务绩效，企业需要采集大量的数据，包括员工调查、客户反馈、市场调研等。然而，数据的收集和整理过程可能会比较复杂，需要投入大量的时间和人力资源。

②主观性的问题

定性分析往往受到人们主观判断的影响，不同的评估者可能会有不同的看法。例如，一位评估员工创新能力的管理者可能会根据自己的理解和认知来评价，而另一位管理者可能会有不同的观点。

（2）缺乏标准化指标

在财务绩效评估中，存在一些标准化的指标，如净利润、毛利率等，便于企业之间的比较。然而，非财务绩效因素缺乏统一的标准化指标，使得不同企业之间的比较和评估变得更加复杂。

①定义指标和指标体系

为了解决这一问题，企业可以根据自身业务特点，制定适合的非财务绩效指标和指标体系。这需要考虑到企业的战略目标和经营思想，确保指标与企业的愿景和使命相一致。

②行业标准和最佳实践

行业协会和专业组织可能会提供一些非财务绩效的标准和最佳实践，可以作为参考。企业可以借鉴这些标准，根据实际情况进行调整和优化。

（3）时间和资源投入

评估非财务绩效需要投入较多的时间和人力资源，包括数据收集、分析和解释等。这可能会增加企业的成本，尤其是对中小型企业来说，可能面临资源有限的问题。

①权衡投入和价值

企业需要权衡时间和资源的投入，确保评估的结果能够为企业的决策提供有价值的信息。在评估过程中，可以根据实际需要选择关键的绩效因素进行重点分析。

②自动化和技术支持

利用信息技术工具和软件，可以有效地自动化数据收集和分析过程，减少人力投入和时间成本。企业可以考虑采用绩效管理软件或数据分析工具来支持非财务绩效的评估。

（二）缺乏长期战略导向

过度关注短期财务指标可能使企业陷入短视的经营模式，忽视了长期战略的制定和执行。企业绩效的持续增长和可持续发展需要更加注重长期目标的达成，而单一财务指标无法提供关于长期价值创造的完整信息。

1. 长期价值的构建

企业的长期价值不仅取决于当前的财务表现，还取决于企业的创新能力、市场份额、品牌价值等。这些因素需要通过更全面的绩效评估体系来加以考量，以确保企业能够在未来持续创造价值。

（1）多维度的价值评估

长期价值构建需要从多个维度进行评估，而不仅仅局限于财务指标。企业可以建立一个包含财务、客户、内部流程、学习与成长等维度的绩效评估体系，以全面地衡量企业的绩效和潜力。

①创新能力的评估

创新是长期价值的重要驱动因素之一。企业应该考量其研发投入、新产品和服务的引入情况，以及创新对企业竞争力和市场份额的影响。创新能力的强弱将直接影响企业未来的成长潜力。

②市场份额和品牌价值

企业在市场中的地位和品牌价值对长期价值构建至关重要。市场份额的增长和品牌的认知度会直接影响企业的销售额和市场竞争力，从而为其未来创造持续的财务价值。

③员工满意度和人力资本

员工是企业的重要资产，员工满意度与绩效紧密相关。建立积极的工作环境、提供培训和发展机会，将有助于培养和保留高素质的人力资本，为企业的长期成长提供基础。

（2）数据收集和分析

构建长期价值体系需要可靠的数据支持和深入地分析。企业可以建立数据收集系统，定期收集和整理与不同维度相关的数据。同时，企业需要借助数据分析技术，深入挖掘数据背后的信息，发现潜在的价值创造机会和风险。

（3）制定长期战略

基于全面的绩效评估和数据分析，企业应该制定具有长远眼光的战略。这些战略应该涵盖如何提升创新能力、拓展市场份额、加强品牌建设、提升员工满意度以及践行社会责任等方面。这些战略将引导企业朝着可持续发展的方向前进。

（4）持续监测和调整

长期价值构建体系是一个持续的过程，企业应该定期监测绩效和战略的执行情况，并根据市场变化和内部情况进行调整。持续地监测和调整将确保企业能够灵活地应对变化，持续地创造价值。

2.投资与短期压力

过度追求短期财务指标可能导致企业在投资决策上产生短视行为。为了追求即时的利润增长，企业可能会减少在研发、市场拓展等方面的投资，从而会影响未来的增长潜力。

（1）研发投资的减少

为了追求即时的利润增长，企业可能会削减在研发领域的投资。研发是创新和未来增长的重要动力，但短期压力可能导致企业陷入短视，从而减少对创新的投入，会限制未来业务的创新和竞争力。

（2）市场拓展的限制

企业可能因为短期压力而选择保守的市场策略，减少在市场拓展方面的投资。然而，长期增长往往需要开辟新市场，进入新领域，短期压力可能会使企业错失长期增长的机会。

（3）人才培养和员工满意度

短期压力可能导致企业在人才培养和员工满意度方面的投资不足。长期的人才发展和员工满意度有助于构建企业的核心竞争力，然而过度追求短期利润可能使企业忽视这些关键要素。

（三）风险管理的不足

单一财务指标无法提供足够的信息来评估企业的风险管理能力。企业面临的风险可能涉及多个方面，包括市场风险、供应链风险、法律风险等。单一财务指标往往无法提供关于这些风险的详细信息，从而会影响风险管理的准确性。

1.综合考虑多维度风险

综合风险管理需要考虑多种风险因素的影响。例如，一家企业虽然在财务表现上表现出色，但如果其供应链存在重大风险，如原材料供应中断，可能会导致生产停滞，从而影响财务绩效。因此，风险管理需要综合考虑多个维度的风险，而不仅仅是财务风险。

（1）风险的多维度性

企业所面临的风险具有多维度性。除了财务风险，还包括战略风险、市场风险、操作风险、法律合规风险以及社会和环境风险等。这些风险在不同领域产生影响，相互之间也可能存在复杂的关联。

（2）综合风险管理的重要性

①深化风险洞察力

综合考虑多维度风险有助于企业深化对潜在风险的洞察力。仅仅关注财务风险可能会使企业忽视其他领域的风险，而这些风险在长远影响中同样重要。通过综合风险管理，企业可以更全面地识别和评估各种潜在威胁。

②保障企业的稳健性

单一维度的风险管理可能会使企业在其他领域忽视其风险，从而导致整体稳健性的下降。例如，一家企业可能在财务方面表现出色，但如果在环境合规方面存在疏漏，可能就会面临法律诉讼和声誉损害。综合风险管理有助于确保企业在各个维度上都能够保持稳健。

③提升决策的准确性

综合考虑多维度风险可以为决策提供更准确的信息。企业在制定战略、投资、市场拓展等决策时，需要考虑各种风险因素的影响。如果只关注财务风险，可能就会忽略其他领域的潜在影响，导致决策的不完整性。

（3）多维度风险的案例分析

①操作风险的影响

企业可能在财务上表现出色，但如果其生产过程存在操作风险，如设备故障或供应链中断，可能就会导致生产停滞。这将不仅影响财务绩效，还可能影响客户满意度、市场份额和声誉。

②社会和环境风险的关联

企业的社会和环境责任不仅涉及道德和法律合规，还与市场声誉和可持续性密切相关。如果企业忽视社会和环境风险，可能就会导致声誉受损，进而影响市场地位和长期竞争力。

③创新风险的影响

企业在追求创新时可能面临技术和市场风险。如果企业将所有资源投入一项创新项目中，但没有充分评估技术可行性和市场需求，可能就会导致项目失败，影响财务和声誉。

2.风险的及时识别和应对

单一财务指标无法提供实时的风险信息，企业可能在风险发生后才意识到问题的严重性。然而，及时识别和应对风险对降低损失和保护企业利益至关重要。

（1）财务指标的局限性

财务指标主要关注过去一段时间内的业务状况，难以预测和反映未来的风险。它们通常不能提供关于市场变化、竞争压力、技术创新等的实时信息，因此在风险的及时识别和应对方面存在局限性。

（2）风险的及时识别

①监测市场变化

企业应该密切关注市场的变化，包括竞争态势、客户需求、新技术的出现等。通过分析市场趋势，企业可以更早地识别到潜在的风险，为应对措施做好准备。

②建立风险监测系统

企业可以建立风险监测系统，通过数据分析和预警机制来实时监控可能出现的风险。这可以涵盖市场风险、供应链风险、品牌声誉风险等多个方面。

③强化内部沟通

内部沟通是及时识别风险的关键。各部门之间应保持信息畅通，及时分享市场情报和风险信息。这有助于在风险出现之初就能够获得有关问题的信息。

第二节　创新在财务会计中的作用与优势

一、提升效率与准确性

创新技术在财务会计中的应用可以大幅提升工作效率和数据准确性。自动化流程、智能化工具以及数据分析技术能够更快速地处理大量数据，减少人工错误，从而降低会计核算和报告过程中的风险。

（一）自动化流程

创新技术使会计流程更具自动化，从数据录入到报告生成都可以更快速地完成。这不仅可以提高效率，还可以减少重复性工作的时间和精力消耗。

1. 自动化数据处理

创新技术在财务会计中的应用极大地促进了会计流程的自动化。通过自动化数据处理工具，大量的数据可以被快速导入系统中，避免了手工输入。这种自动化流程不仅可以减少时间成本，还可以大幅降低数据输入错误的风险。

电子数据交换技术允许企业之间实现数据的自动传递和处理。财务会计中，企业可以通过电子数据交换（EDI）将来自供应商和客户的交易数据直接传送到财务系统中，避免了手工数据录入，提高了数据处理的效率。

2. 报告自动生成

创新技术使得财务报告的生成变得更加自动化和高效。通过设定预定的规则和模板，系统可以自动从财务数据中生成各种类型的报告，可以节省会计人员大量的时间和精力。

数据仪表盘可以通过图表、图形等形式展示财务数据，使得数据的分析和报告变得更加直观和易于理解。会计人员可以根据数据仪表盘快速生成所需的报告，无须手工整理和呈现数据。

（二）数据准确性

数据分析技术能够帮助发现数据异常和不一致性，提高财务数据的准确性。通过自动检测异常情况，会计人员能够更快速地纠正错误，避免错误数据影响决策。

1. 数据分析的精度

创新技术如大数据分析和人工智能能够深入分析海量数据，发现其中的模式和趋势。这种数据分析能够辅助会计人员准确地识别出潜在的错误和异常情况，提高财务数据的准确性。

利用数据分析技术，企业可以建立异常检测模型，识别出与历史数据不符的异常情况。例如，在交易数据中自动发现异常金额或频率，从而提前发现潜在的错误。

2. 数据验证和核实

创新技术使得数据的验证和核实变得更加高效和精确。通过数据匹配、交叉验证等方法，会计人员可以验证不同数据源的一致性，确保数据的正确性。

区块链技术可以实现数据的分布式存储和不可篡改性，从而确保数据的真实性和准确性。财务数据一旦被记录在区块链上，就不容易被篡改，提高了数据的可信度。

3. 智能审计

创新技术如人工智能和自然语言处理使得审计过程更加智能化。智能审计工具可以自动地检查和比对大量数据，识别出潜在的问题和异常，提高了审计的准确性和效率。

通过分析历史数据和模式，智能审计工具可以预测未来可能的风险和问题。这使得审计人员能够更有针对性地进行审计，发现隐藏的问题。

创新的信息技术在财务会计中的应用，特别是自动化流程和数据分析技术，不仅可以提升效率，还可以大幅提高数据的准确性。自动化流程可以消除重复的手工操作，数据分析技术可以发现潜在的错误和异常，使财务会计过程更加高效、可靠。

二、支持决策制定

创新技术为管理层提供了更多有价值的信息，支持决策制定过程。实时数据分析、预测模型以及交互式报告使管理层能够更准确地评估各项决策的潜在影响。

（一）实时数据分析

通过实时数据分析，管理层可以更及时地了解企业的财务状况和经营绩效。这使得管理层能够做出更快速的决策，对市场变化做出适时反应。

1. 实时数据分析的意义

实时数据分析是指通过实时收集、处理和分析数据，以获取当前情况下的信息和见解。在财务会计领域，实时数据分析在管理决策中扮演着重要的角色，可以为管理层提供更及时、准确的信息，有助于迅速做出决策并应对市场的变化。

（1）即时决策需求

在现代商业环境中，市场竞争激烈，变化迅速。企业需要实时了解其财务状况和业务绩效，以便做出迅速的决策。实时数据分析能够提供及时的信息，帮助管理层更好地掌握市场变化和机遇。

（2）风险管理的紧迫性

市场波动和风险不可预测，但实时数据分析可以帮助企业更好地识别和管理这些风险。通过即时监控财务数据，企业可以及时发现异常情况，采取措施减少潜在的损失。

2.实时数据分析的应用

（1）实时财务状况监控

通过实时数据分析，企业可以随时了解自身的财务状况，包括现金流、收入、支出等方面。管理层可以通过数据仪表盘或报告实时掌握企业的财务健康状况，从而做出更明智的决策。

（2）经营绩效实时评估

实时数据分析师管理层能够实时评估企业的经营绩效。通过监控关键绩效指标（KPI），如销售额、利润率、客户满意度等，管理层可以快速了解企业业务的表现，并及时采取措施进行调整。

（3）市场趋势和竞争分析

实时数据分析师企业能够更好地了解市场趋势和竞争态势。通过分析市场数据和竞争对手的行动，企业可以及时调整自己的策略，抓住市场机会并应对挑战。

3.实时数据分析的优势

（1）迅速决策

实时数据分析使管理层能够在第一时间掌握重要信息，从而做出更迅速的决策。不再需要等待传统报告的生成和分析，管理层可以根据实时数据快速做出反应。

（2）敏捷性和适应性

实时数据分析提供了企业更敏捷地适应市场变化的能力。通过实时了解市场和业务的变化，企业可以更快速地调整战略，从而更好地应对不断变化的商业环境。

（3）精准决策

实时数据分析使管理层能够基于实际数据做出更精准的决策，可以减少主观判断和猜测。这有助于降低决策的风险，提高决策的成功率。

（4）提升业务效率

实时数据分析可以揭示业务过程中的低效环节，帮助企业找到改进的机会。通过识别并优化低效流程，企业能够提升业务效率，降低成本。

（二）预测和模拟

预测模型能够基于历史数据和趋势，预测未来的财务状况。这可以为管理层提供更有依据的数据，使他们能够更准确地制订长期战略和短期计划。

1.预测模型的重要性

预测模型是财务会计中的重要工具，通过分析历史数据和趋势，可以预测未来的财务状况和业务表现。这可以为管理层提供更有依据的数据，有助于更准确地制订长期战略和短期计划，以应对不断变化的商业环境。

（1）数据驱动的决策

预测模型基于数据的分析和计算，可以提供数据驱动的决策基础。管理层可以根据模型的预测结果，制订具体的战略和行动计划，从而更有针对性地实现企业目标。

（2）不确定性的应对

商业环境充满了不确定性，预测模型能够帮助企业应对这种不确定性。通过分析多种情景和变量，预测模型可以揭示可能的风险和机会，使企业能够做好准备和规划。

2.预测模型的应用

（1）财务预测

预测模型在财务会计中广泛应用于预测企业的财务状况，如收入、成本、利润等。通过分析历史财务数据和市场趋势，预测模型可以为企业提供未来一段时间的财务表现预期。

（2）销售预测

预测模型可以在销售领域中发挥重要作用，帮助企业预测产品或服务的销售额。基于市场需求、竞争情况等因素，预测模型可以为销售团队提供指导，优化销售策略。

（3）市场需求预测

企业需要准确了解市场对产品或服务的需求，以便做出合适的生产和供应计划。预测模型可以分析市场趋势、消费者行为等数据，预测未来的市场需求。

3.预测模型的优势

（1）基于数据的决策

预测模型基于数据和事实，可以为决策提供客观的依据。与主观判断相比，预测模型可以减少人为误差，提高决策的准确性。

（2）长期战略的指导

预测模型可以为管理层制定长期战略提供有力支持。通过预测未来的市场走势和企业表现，管理层可以更明智地制定长远规划，使企业保持竞争优势。

（3）敏捷决策的支持

在快节奏的商业环境中，敏捷决策至关重要。预测模型能够快速地生成预测结果，帮助管理层迅速做出决策，抓住市场机会。

三、提高透明度与可靠性

创新技术在财务会计中的应用可以提高信息的透明度和可靠性，从而建立更强的信任关系，吸引投资者和利益相关者。

（一）透明度提升

区块链技术的应用可以保证交易的透明度和真实性。通过记录所有交易并确保不可篡改，企业能够向外部证明其财务数据的可信度。

1.透明度的重要性

透明度在财务会计中具有重要意义。企业的财务数据和交易信息应当满足法律法规的要求，并对内外部利益相关者开放，以建立信任、提升合作关系，然而，传统的数据记录和验证方式可能存在潜在的不透明性和风险。在这种情况下，区块链技术的应用可以为企业的财务报表提供更高水平的透明度。

2.区块链技术的基本原理

区块链是一种分布式的、不可篡改的账本技术，通过将交易记录分布在多个节点上，并使用密码学方法保证其安全性和可验证性。每个交易被打包成一个"区块"，并链接在一起形成"链"，从而创建了一个不可篡改的交易历史模型。

（1）去中心化的特性

区块链是去中心化的技术，不依赖于单一的中央机构。每个节点都拥有同样的复制账本，任何交易都需要多个节点的验证。这种分布式特性可以减少单点故障的风险，并可以增强数据的透明性和安全性。

（2）不可篡改的交易记录

区块链中的交易记录被加密和链接，使得一旦记录被创建后，就无法篡改。新的交易只能追加到链的末端，而不会影响之前的交易。这种特性保证了交易的真实性和完整性。

3.区块链技术在透明度提升中的应用

（1）透明的交易记录

区块链技术可以确保所有交易记录被透明地记录在分布式账本中，所有参与方都可以查看交易的详细信息。这使得交易过程更加透明，避免了信息被隐瞒和篡改。

（2）确保数据的真实性

区块链技术通过密码学方法确保交易数据的真实性。每个交易都必须经过多个节点的验证，只有在验证通过后才能被记录在区块链上。这可以有效地减少数据造假和篡改的可能性。

（3）可追溯的交易历史

区块链中的交易记录是连续链接的，每个区块都包含了前一个区块的信息。这使得交易历史可以被精确追溯，从而帮助企业和监管机构更好地了解交易流程及资金流向。

（二）可靠性加强

创新技术能够减少人为干预，提高数据的可靠性。自动化流程和智能分析工具可以减少错误，使报告更加准确可信。

1.可靠性的重要性

在财务会计中，数据的可靠性是至关重要的。准确和可信的财务信息对企业决策、外部投资者、监管机构以及其他利益相关者具有重要影响。传统的财务数据处理过程可能受到人为因素的干扰和错误，从而降低数据的可靠性。

2.创新技术的应用

创新技术在财务会计领域的应用，如自动化流程和智能分析工具，能够显著提高数据的可靠性。这些技术通过减少人为干预和错误，从而增强了财务数据的准确性和可信度。

（1）自动化流程

自动化流程可以将人工操作降至最低，从数据录入到报告生成都能够实现自动化。这样可以减少人为错误的风险，保证数据的一致性和准确性。自动化还可以降低数据处理的时间，使得财务信息更及时可靠。

（2）智能分析工具

智能分析工具利用数据分析和机器学习技术，能够对大量的财务数据进行深入分析。这些工具能够发现潜在的异常情况、趋势和模式，帮助识别可能存在的错误或问题。通过智能分析工具，企业可以更早地发现问题并进行纠正，增强了财务数据的可靠性。

3.创新技术对可靠性的影响

（1）错误减少

创新技术的应用可以显著减少人为错误的发生。自动化流程和智能分析工具可以消除数据录入和计算过程中的误差，从而提高报告的准确性和可信度。

（2）数据一致性

自动化流程和数字化系统可以确保数据在各个环节的一致性。这可以避免因为不同环节数据不一致而产生的错误和混淆，从而提高了数据的可靠性。

（3）即时反馈

智能分析工具可以实时地对数据进行监测和分析，发现异常情况并提供及时反馈。这使得问题可以更早地被发现和纠正，可以保障数据的可靠性和质量。

四、提升战略规划与创新能力

创新技术可以为企业提供更多的数据和信息，有助于更好地制定战略规划和推动创新。

（一）数据驱动的战略规划

通过大数据分析，企业能够更全面地了解市场需求、客户行为等信息，从而制定更具针对性的战略规划。

1.数据驱动战略规划的背景

在当今信息时代，数据已成为企业决策和战略规划的重要基础。大数据分析技术的发展使得企业能够获取、存储和分析海量的数据，从而深入了解市场、客户、竞争对手等各个方面的情况。数据驱动的战略规划强调以更精确、全面的信息为依据来制定战略，从而增加战略的成功概率。

2.数据驱动战略规划的优势

（1）更精准的洞察力

通过大数据分析，企业可以深入了解市场的需求、趋势和客户行为。这种洞察力能够帮助企业更准确地把握市场动态，预测未来发展趋势，从而制定更具前瞻性的战略规划。

（2）针对性的战略制定

数据分析可以揭示出不同市场细分和客户群体之间的差异。企业可以根据这些差异制定针对性的战略，满足不同需求，提高市场竞争力。

（3）实时反馈和调整

数据驱动的战略规划可以实现实时的数据监控和分析。这使得企业能够更快速地察觉市场变化、竞争动态等，及时调整战略，保持灵活性和敏捷性。

3.数据驱动战略规划的实施步骤

（1）数据收集

企业需要收集各类数据，包括市场数据、客户数据、竞争对手数据等。这些数据可以来自内部系统、外部数据提供商、社交媒体等渠道。

（2）数据清洗与整合

收集到的数据往往是杂乱的，需要进行清洗和整合，确保数据的准确性和一致性。只有清洗后的数据才能用于分析和决策。

（3）数据分析与洞察

通过数据分析技术，企业可以深入挖掘数据背后的信息，发现潜在的趋势、模式和关联。这些洞察力有助于指导战略规划。

（4）制定战略

基于数据分析的洞察，企业可以制定更精确的战略规划。这些战略应当包括对市场定位、产品开发、市场推广等方面的考虑。

（5）实时监测和调整

数据驱动的战略规划并不是一次性的过程，而是一个持续的循环过程。企业需要实时监测市场动态，随时调整战略以适应变化。

（二）推动创新

创新技术如区块链和人工智能，为企业提供了新的商业模式和机会。企业可以借助这些技术创新，开发新的产品和服务，提升竞争力。

1.新商业模式的探索

创新技术可以为企业提供新的商业模式的探索空间。例如，区块链技术可以支持去中心化的交易和智能合约，改变传统的商业交易方式，创造新的商业价值。

2.新产品和服务的开发

创新技术可以为企业开发新产品和服务提供可能性。人工智能技术可以应用于自动化、预测分析等领域，帮助企业提供更智能化的产品和服务。

3.提升竞争力

企业通过采用创新技术，能够提升其竞争力。新颖的商业模式和先进的技术可以让企业在市场中脱颖而出，获取更多的市场份额和客户。

第四章　财务会计创新方法与框架

第一节　创新的概念与分类

一、技术、流程和理念创新的区别

创新在财务会计领域是指引入新的思想、方法或技术，以改进财务会计的过程、效率和结果。创新可以分为流程创新和理念创新两个不同层次。

（一）流程创新

流程创新是指重新设计财务会计的业务流程，以提高效率和减少浪费。这包括优化财务报告的编制流程、简化核算流程等。通过流程创新，企业可以更快速地生成财务报告，使决策者能够更及时地获得关键信息。

1.流程创新的定义与范围

流程创新在财务会计中是指重新设计和优化财务业务流程，以提高效率、减少浪费，从而实现财务会计工作程序的优化和效率的提升。流程创新的范围涵盖了财务报告的编制、核算、审计、财务决策等多个环节，以及相关的信息传递和沟通流程。

（1）定义

流程创新是指对现有业务流程进行重新设计、优化或重组，以实现效率提升、成本降低、质量改进等目标的行为。在财务会计领域，流程创新旨在重新思考和改进财务业务流程，以适应不断变化的商业环境，提高工作效率和质量，同时减少资源浪费。

（2）范围

流程创新在财务会计中涵盖了多个环节和方面，旨在优化整个财务运作体系。以下是流程创新在财务会计中的主要范围：

①财务报告的编制与分析

流程创新可以涉及财务报告的编制和分析流程。通过引入新的技术、工具和方法，可以使财务报告的生成更加高效，减少手工操作和错误。此外，也可以通过分析工具和数据挖掘技术，更深入地理解财务数据，为管理层提供更有价值的信息。

②财务核算与审计

流程创新可以影响财务核算和审计的流程。通过引入自动化的会计系统、人工智能技术等，可以加速核算流程，减少人为错误。在审计方面，数字化工具和数据分析技术可以提高审计效率，发现异常情况，并加强内部控制。

③财务决策支持

流程创新可以在财务决策支持方面发挥作用。通过引入高级分析和预测模型，财务团队可以更准确地评估不同决策对财务状况的影响。这有助于管理层做出更明智的决策，提高企业整体的绩效。

④信息传递和沟通

财务会计涉及多个部门和利益相关者之间的信息传递和沟通。流程创新可以改进信息传递的方式和效率，确保准确的财务信息及时传达给相关人员。这有助于避免信息滞后，使决策更及时和准确。

⑤技术应用和数字化转型

流程创新涉及技术应用和数字化转型。通过引入自动化、数据分析、区块链等技术，财务会计流程可以更快速、准确地完成，同时降低风险和成本。数字化工具还能够提高对财务数据的可视化和理解，为决策提供更好的支持。

2. 流程创新的优势与应用

流程创新在财务会计中具有以下优势，对企业的财务管理和决策产生积极影响：

（1）提高效率

流程创新可以去除不必要的环节和重复的操作，从而提高财务会计工作的效率。优化的流程可以减少人工干预，加速财务数据的收集、处理和报告。

（2）减少错误

精心设计地流程可以减少人为错误的发生。流程创新可以引入自动化控制和校验机制，降低数据录入和处理过程中的错误率。

（3）加强内部控制

流程创新可以引入更严格的内部控制措施，防范财务风险和欺诈。合理的流程设计可以确保交易的准确性和合规性。

（4）快速决策支持

优化的财务流程可以使财务报告更快速地生成，为决策者提供及时的数据支持。这有助于企业更迅速地应对市场变化和战略调整。

（5）降低成本

流程创新可以减少浪费和资源占用，从而降低财务会计的运营成本。优化的流程可以使财务人员能够更专注分析和战略规划。

（二）理念创新

理念创新是指在财务会计领域引入新的思维方式和管理理念，以适应不断变化的商业环境。这可能包括将可持续发展、环境责任等因素纳入财务会计中，使企业能够更全面地评估自身的价值创造。

1.理念创新的定义与范围

理念创新在财务会计中是指引入新的思维方式和管理理念，以适应不断变化的商业环境和社会需求。这种创新强调从传统的财务观点出发，考虑到企业的可持续发展、社会责任和环境保护等因素，将这些因素纳入财务会计的考量范围之中。

（1）定义

理念创新是指在财务会计领域引入新的思维方式和管理理念，以适应不断变化的商业环境和社会需求。传统的财务观点往往侧重财务报表的编制和核算，而理念创新强调将更广阔的因素考虑进财务会计中，包括企业的可持续发展、社会责任、环境保护等。

（2）范围

理念创新在财务会计中的范围涵盖了以下关键方面：

①可持续发展的考量

理念创新强调将可持续发展的理念融入财务会计中。这包括在财务决策中考虑企业的长期发展，而不仅仅是短期财务绩效。通过引入可持续性指标和考量，财务会计能够更全面地评估企业的价值创造能力和长期可行性。

②社会责任的综合性考虑

理念创新涵盖了企业的社会责任。财务会计需要考虑企业在社会中的角色和影响，包括员工福利、社区支持、慈善事业等。将社会责任纳入财务会计的范畴，有助于维护企业的声誉和形象。

③环境保护与资源利用

环境保护和资源利用也是理念创新的重要内容。财务会计需要考虑企业的环境影响，包括资源的合理利用、废物的减少和碳排放的降低等。通过引入环境指标和环境管理原则，财务会计可以促进企业的可持续性和环保发展。

④创新与数字化转型

理念创新还涉及创新和数字化转型的整合。财务会计需要思考如何应用创新技术和数字化工具来提升财务工作的效率和准确性。这包括自动化流程、数据分析、区块链等技术的应用，以支持财务会计的创新和优化。

⑤风险管理与合规性

理念创新也与风险管理和合规性密切相关。财务会计需要考虑企业面临的各种风险，包括法规变化、市场波动等，以制定相应的风险管理策略。同时，合规性需要纳入财务会计的范畴，确保企业的财务活动符合法律法规和伦理标准。

2.理念创新的优势与应用

理念创新在财务会计中带来了许多优势，对企业的财务管理和决策产生积极影响。

（1）全面评估价值创造

理念创新使企业能够更全面地评估自身的价值创造。除了财务指标，还考虑到可持续发展、环境责任等因素，更准确地反映企业的整体价值。

（2）推动可持续发展

理念创新将可持续发展纳入财务会计的考量范围，促使企业在财务决策中更加注重长期可持续性，避免仅追求短期财务利益。

（3）提升企业形象

引入社会责任等理念可以提升企业的社会形象和声誉。这有助于吸引投资者、顾客和员工，并促使企业更加注重社会责任的履行。

（4）支持投资决策

考虑到可持续发展等因素可以为投资者提供更多的信息，帮助他们更准确地评估企业的风险和潜力，从而做出更明智的投资决策。

（5）适应监管环境

在一些地区，政府和监管机构对企业的社会责任履行和环境保护提出了更高的要求。引入相关理念有助于企业适应变化的监管环境。

二、不同类型创新在财务领域的案例分析

（一）流程创新案例

一家制造业企业重新设计了其采购流程。通过引入电子采购系统和供应链管理系统，实现从订单生成到物流配送的全流程数字化。这不仅可以提高采购的效率，还可以降低库存成本和供应链风险。

1.案例背景

在竞争激烈的制造业环境中，企业为了提高效率、降低成本并增强竞争力，需要不断寻求创新的方法。该案例涉及一家制造业企业，面临着采购流程效率低下、库存成本高以及供应链风险管理的挑战。为了应对这些问题，该企业决定进行流程创新，重新设计和优化其采购流程。

2.创新举措

该企业采用了电子采购系统和供应链管理系统的创新举措，以实现全流程数字化。以下是创新举措的关键方面：

（1）电子采购系统的引入

该企业引入一套电子采购系统，以取代传统的人工采购流程。通过电子采购系统，采购订单的生成、审批和交付都可以在线完成，避免了纸质文档的人工处理和传递。同时，电子采购系统还可以提供实时的采购信息和数据分析功能，有助于采购决策的精确和及时性。

（2）供应链管理系统的应用

该企业还引入供应链管理系统，将采购环节与物流、库存管理等环节紧密结合。供应链管理系统可以跟踪和管理从供应商到最终客户的整个供应链流程，实现了全流程的协调和优化。通过供应链系统，企业能够更好地掌握库存水平、生产进度以及交货时间，从而

减少库存积压和生产不匹配的情况。

3.创新效果与分析

（1）提高采购效率

电子采购系统的引入使采购流程更加高效。采购订单可以在线生成和审批，大幅缩短了采购周期。同时，系统提供了供应商数据库和历史采购记录，方便了供应商选择和交易谈判，进一步提高了采购效率。

（2）降低库存成本

供应链管理系统的应用有助于更精准地管理库存水平。企业可以根据实际需求进行库存调整，避免了库存过剩或不足的情况。这可以减少库存成本，提高资金的使用效率。

（3）降低供应链风险

通过供应链管理系统，企业能够更好地应对供应链风险。系统可以实时监控供应商的交付情况和生产进度，预警可能的延误或问题。这有助于及时调整计划，减少供应链风险对生产和交货的影响。

4.案例结论

该制造业企业的采购流程优化案例充分展示了流程创新的积极影响。通过引入电子采购系统和供应链管理系统，企业不仅提高了采购效率，还降低了库存成本和供应链风险。这个案例强调了数字化工具在流程创新中的重要性，以及如何通过整合不同环节的创新来实现全面的业务优化。

（二）理念创新案例

一家跨国企业将可持续发展的理念融入财务会计中。除了关注经济绩效，公司还可以计量其社会责任和环境影响，并将这些因素纳入财务报告中。这种创新的财务报告更能反映公司的整体价值和影响。

1.案例背景

在当今全球范围内，可持续发展已成为企业的重要议题。企业不仅需要追求经济利益，还需要考虑社会责任和环境保护等方面的因素。这种全面的价值观引导着企业重新审视其经营模式和财务报告，以更准确地反映其整体价值和影响。本案例涉及一家跨国企业，通过将可持续发展的理念融入财务会计中，创新性地扩展了财务报告的内容和范围。

2.创新举措

该企业的理念创新主要体现在其财务报告中，特别是在关注点、计量方法和报告内容等方面：

（1）扩展关注点

传统财务报告主要关注经济绩效，如营业收入、净利润等。然而，该企业创新性地将可持续发展的关注点纳入财务报告，包括社会责任、环境保护、员工福利等。这使得报告能够全面反映企业的经济、社会和环境绩效。

（2）新的计量方法

为了计量社会责任和环境影响，该企业采用了一系列新的计量方法。例如，不仅计量了营业收入，还计量了企业的社会公益捐赠、员工培训投入等。在环境方面，企业除了计量经济效益，还计量了碳排放、资源消耗等环境指标。

（3）报告内容的扩展

财务报告不再仅仅是数字的呈现，而是通过扩展报告内容来呈现企业的整体价值。企业介绍了其可持续发展战略、社会责任项目、环境保护措施等。此外，报告还包括了利益相关者的参与和反馈，展示了企业与各方的合作和共同努力。

3.创新效果与分析

（1）更准确的综合价值呈现

通过将可持续发展因素纳入财务报告，企业能够更准确地呈现其整体价值。不仅仅关注经济绩效，还包括了社会责任和环境影响等多维度价值。这使得投资者、员工、客户等利益相关者能够更全面地了解企业的贡献和影响。

（2）增强企业形象和信任

通过关注可持续发展，企业在社会责任和环境保护方面的努力得以展示。这有助于增强企业的社会形象，建立信任。消费者更愿意选择关注社会和环境问题的企业，从而增加企业的市场份额。

（3）促进可持续发展实践

将可持续发展理念融入财务会计，使企业更有动力和指引来实践可持续发展。企业需要更具体地关注社会责任和环境保护，以实现财务报告中的目标。这有助于推动企业在可持续发展方面的实际行动。

4.案例结论

这一跨国企业的理念创新案例强调了企业在财务会计中融入可持续发展理念的重要性。通过扩展关注点、引入新的计量方法和扩展报告内容，企业能够更全面地呈现其经济、社会和环境绩效。这种创新不仅有助于建立更积极的社会形象，还能够在市场中赢得消费者和投资者的信任。

通过这些案例可以看出，不同类型的创新在财务会计领域都具有重要意义。技术创新可以提高数据处理和分析的效率，流程创新可以优化业务流程，理念创新使财务会计更加关注全面的价值创造。综合运用这些创新，企业可以更好地适应快速变化的商业环境，提升财务会计的质量和效益。

第二节 创新在财务会计中的应用框架

创新在财务会计中的综合应用是一个多维度的过程，涵盖了技术、流程和理念的创新。以下介绍创新在财务会计中的综合应用框架，包括数据挖掘技术、实时信息和非财务因素的综合应用，以及对未来发展的展望。

一、数据挖掘技术与实时信息的综合应用

结合数据挖掘技术和实时信息，企业可以更深入地分析财务数据，挖掘出潜在的模式和趋势。这种综合应用可以帮助企业在风险管理、客户分析和预测等方面做出更准确的决策。例如，通过实时监测市场数据，结合数据挖掘技术分析市场趋势，企业可以更及时地调整战略，把握商机。

（一）数据挖掘技术的应用

数据挖掘技术是一种从大规模数据集中自动提取出有价值的信息、模式和知识的方法。在财务会计领域，大量的财务数据可以通过数据挖掘技术进行深入分析，从中挖掘出隐藏的关联和规律，有助于更好地理解企业的经营状况和未来趋势。

1.数据挖掘技术的应用场景

在财务会计中，数据挖掘技术可以应用于多个方面：

（1）风险管理

风险管理是财务会计中至关重要的一个方面，数据挖掘技术可以在风险管理中发挥重要作用。通过分析历史财务数据和市场数据，数据挖掘技术可以识别出风险因素和异常模式，从而帮助企业及时发现潜在的风险，采取相应的措施进行风险管理。例如，数据挖掘技术可以识别出异常交易模式，帮助企业发现可能的欺诈行为或内部违规操作。此外，通过对大量数据的分析，数据挖掘技术还能够发现风险事件之间的关联性，帮助企业建立更准确的风险预警系统，提前应对潜在的风险。

（2）客户分析

在现代商业环境中，深入了解客户行为和偏好对企业的发展至关重要。数据挖掘技术可以在客户分析中发挥作用，通过分析客户购买记录、浏览历史、社交媒体活动等数据，企业可以精准地定位目标客户群体。例如，数据挖掘技术可以识别出购买模式和趋势，帮助企业预测客户的需求，从而更好地调整产品和服务的供给。此外，数据挖掘技术还可以进行客户细分，将客户分为不同的群体，从而开展更有针对性的营销活动，提高客户满意度和忠诚度。

（3）预测与决策支持

数据挖掘技术在财务会计中的另一个重要应用领域是预测与决策支持。通过基于历史数据的趋势分析和预测，结合实时信息，企业可以更精准地预测市场走向、产品需求等重要指标。这样的预测数据可以为决策者提供可靠的依据，帮助他们做出更明智的决策。例如，通过分析销售数据和市场趋势，数据挖掘技术可以预测不同产品的需求量，从而帮助企业优化库存管理和生产计划。此外，数据挖掘技术还可以用于制定定价策略，基于市场变化进行动态定价，从而提高企业的竞争力和盈利能力。

数据挖掘技术在财务会计中的应用场景十分广泛，它不仅可以帮助企业更好地管理风

险、深入了解客户、进行预测分析，还可以为决策者提供准确的数据支持，帮助企业做出更明智的决策。在应用数据挖掘技术时，企业需要关注数据隐私和安全问题，确保数据的合法和合规使用。同时，培训员工掌握数据挖掘工具和技术也是推动其应用的重要一环。

2.实时信息的应用

实时信息是指能够即时获取和处理的数据，它可以使企业更及时地了解当前的市场情况、竞争态势和客户需求，从而更快速地做出反应。

（1）实时信息的来源

实时信息可以来自多个渠道，包括市场数据、供应链信息、社交媒体等。这些信息源的提供可以丰富的数据，可以帮助企业更全面地了解外部环境。

①市场数据

市场数据是实时信息的重要来源之一。企业可以通过监测股票市场、外汇市场、商品市场等来获取实时的价格、指数和交易数据。这些数据不仅可以帮助企业了解市场趋势，还可以用于风险管理和投资决策。例如，企业可以通过分析股票价格的波动来评估市场风险，或者利用外汇市场数据来进行汇率风险管理。

②供应链信息

实时供应链信息对企业的生产和运营至关重要。通过监测供应链中的物流信息、库存水平、订单状态等，企业可以实时了解原材料的到货情况、产品的制造进度以及交付时间等重要信息。这有助于企业更好地规划生产和供应，避免库存积压或供应中断的风险。

③社交媒体

社交媒体已经成为获取实时信息的重要渠道之一。通过监测社交媒体平台上的评论、反馈、话题讨论等，企业可以了解消费者的意见和情感，从而更好地调整产品和营销策略。此外，社交媒体还可以帮助企业感知市场的热点和趋势，及时调整战略。

④传感器和物联网

在制造业和物流领域，传感器和物联网技术可以实时监测设备运行状态、生产过程、物流路径等。这些实时数据可以帮助企业进行设备维护预测、生产优化以及物流路径规划，提高效率和降低成本。

⑤移动应用和互联网平台

移动应用和互联网平台为用户提供了随时随地获取信息的途径。企业可以通过开发移动应用或利用互联网平台向用户提供实时的产品信息、促销活动等，促进客户参与和互动。

实时信息可以来自多个渠道，这些信息源可以提供丰富的数据，帮助企业更全面地了解外部环境，做出更加准确和敏捷的决策。企业在获取和利用实时信息时需要注意数据隐私和安全问题，确保合法合规的数据使用。

（2）实时信息的应用场景

①市场趋势分析

通过实时监测市场数据，企业可以更准确地把握市场趋势，及时调整产品定位、定价等策略，从而更好地满足市场需求。

②竞争情报

实时信息可以帮助企业及时了解竞争对手的动态，包括新产品推出、市场营销活动等。这些信息有助于企业制定反击策略，保持竞争优势。

③客户反馈分析

实时信息可以反映客户的反馈和意见，帮助企业了解客户满意度、产品改进需求等，从而优化产品和服务。

3.综合应用优势

将数据挖掘技术和实时信息综合应用于财务会计中，可以带来多方面的优势：

（1）更准确的风险管理

实时信息可以帮助更及时地识别潜在风险，而数据挖掘技术可以从历史数据中发现更隐含的风险模式，使企业能够更全面地进行风险管理。

（2）更精细的客户分析

结合实时客户数据和数据挖掘技术，企业可以更深入地了解客户需求和行为，从而更好地制定个性化营销策略，提高客户满意度。

（3）更智能的决策支持

实时信息和数据挖掘技术的结合可以为决策者提供更精确的数据支持。实时信息可以提供当前市场动态，而数据挖掘技术可以从历史数据中识别出潜在的趋势和模式，使决策者能够更准确地预测未来走向，从而做出更明智的决策。

（4）更快速的反应能力

实时信息的及时获取使企业能够更快速地对市场变化做出反应。当市场突发变化时，企业可以立即采取措施，避免错失商机或陷入风险。

（5）更高效的财务报告

结合实时信息和数据挖掘技术，财务报表的编制可以更加高效。实时信息可以使财务人员及时获取所需数据，而数据挖掘技术可以加速数据分析和报告生成过程，使决策者能够更迅速地获取关键信息。

4.综合应用案例

（1）风险管理

在风险管理方面，实时信息和数据挖掘技术的综合应用能够帮助企业更准确地识别和应对风险。以制造业企业为例，假设该企业依赖某个关键供应商提供原材料，如果该供应商出现问题，可能就会导致生产中断。通过实时监测供应链数据，企业可以及时获取供应商的运输情况、库存水平等信息，一旦发现供应链异常，就能迅速采取行动。此外，数据挖掘技术还可以分析历史供应链数据，识别出类似问题的模式，预测潜在的风险。综合这些信息，企业可以制订应急计划，寻找备选供应商，减轻因供应链问题而带来的损失。这种综合应用不仅可以提高风险识别的准确性，还可以加强风险管理的效率。

（2）客户分析

在客户分析方面，实时信息和数据挖掘技术的结合可以帮助企业更好地了解客户需求，优化营销策略。以电子商务公司为例，企业通过实时监测用户的浏览和购买行为，可以发现某个产品的销售量下滑。通过数据挖掘技术，分析该产品的历史销售数据和相关因素，企业可以发现类似情况下销售回升的趋势。综合这些信息，企业可以迅速调整营销策略，如推出促销活动、提供定制化服务等，以吸引更多的用户购买。这种综合应用使企业能够更快速地适应市场变化，提高客户满意度，增加销售收入。

（3）预测与决策支持

在预测与决策支持方面，实时信息和数据挖掘技术的综合应用可以帮助金融机构更精确地预测市场走向和风险因素。以金融机构为例，通过实时监测市场数据和客户交易记录，机构可能发现某股票价格异常波动。通过数据挖掘技术，分析历史股票数据和市场因素，机构可以了解类似波动往往伴随着市场不确定因素的增加。综合这些信息，金融机构可以及时调整投资组合，减少对高风险股票的持有，降低投资风险。这种综合应用使机构能够更有针对性地进行投资决策，保护投资者的利益。

综合应用数据挖掘技术和实时信息在财务会计中，可以为企业带来更多的优势，从更精确的风险管理到更智能的决策支持。这种综合应用将加强财务会计的分析能力和决策效率，有助于企业更好地应对不断变化的商业环境。同时，企业在实施过程中需要考虑数据隐私和安全等问题，以确保综合应用的可行性和有效性。

二、考虑非财务因素的综合评估

综合考虑非财务因素对全面评估企业价值至关重要。在财务会计中引入可持续发展、社会责任等非财务因素，可以更准确地反映企业的长期价值创造能力。例如，将环保成本纳入财务报表，能够更全面地评估企业的盈利能力与可持续性。

（一）非财务因素的定量化和定性化评估

将非财务因素纳入企业综合评估框架中，首先需要解决非财务因素的定量化和定性化评估问题。这一步骤关键在于将那些常常被视为难以量化的因素转化为可以量化的指标，从而使其能够与财务指标一同进行综合评估。以环保成本为例，企业可以采用环境会计的方法，将环保投入转化为成本指标，如环保支出占总成本的比例等。对定性因素如品牌价值，可以通过市场调研、消费者满意度调查等手段进行定性分析，得出相对客观的品牌影响力评估。

1.非财务因素的定量化评估

将非财务因素纳入企业综合评估中，需要将这些因素转化为可以量化的指标，以便与财务指标一同进行综合分析。在定量化评估中，企业需要明确每个非财务因素的衡量标准和度量方法。以环保成本为例，企业可以采用环境会计的方法，将各项环保支出转化为具体的成本数字。这可以包括环保设施建设费用、环保技术更新投资等。通过统一的度量标准，企业可以将环保成本与财务成本相对比，从而更好地了解环保成本在整体成本结构中的比重。

2.非财务因素的定性化评估

除了定量化评估，一些非财务因素也可以进行定性化分析。例如，品牌价值、员工满意度等往往难以用具体的数字来衡量，但它们同样具有重要的影响力。在定性化评估中，企业可以采用市场调研、调查问卷、定性分析等方法来获取数据。以品牌价值为例，企业可以通过调查消费者的认知、情感和关联度，以及品牌在市场中的影响力，来评估品牌的价值。这些数据虽然难以量化，但可以通过定性分析得出相对客观的品牌影响力评估结果。

3.综合度量方法的建立

综合考虑定量化和定性化评估，企业需要建立一个综合度量方法，将不同类型的因素进行综合计算。这涉及如何将定量和定性数据进行加权平衡，从而得出一个更全面的评估结果。企业可以制定综合评价指标体系，为每个因素赋予适当的权重，然后对不同因素的得分进行加权求和，得出一个综合的评价分数。这种方法可以使企业在评估过程中更加客观和全面地考虑各种因素。

4.定量和定性数据的融合

在综合评估中，企业需要将定量和定性数据进行融合，以便得出一个统一的评价结果。这可能涉及将定性数据转化为定量化指标，或者将定量数据与定性分析相结合。例如，可以将员工满意度调查中的定性评价转化为相应的定量评分，然后将其与其他定量数据一同考虑在综合评价中。这种数据融合可以使综合评估更加全面和准确。

通过将定量化和定性化评估相结合，企业可以更全面地考虑非财务因素的影响，从而更准确地评估企业的价值创造能力和综合表现。这种综合评估方法有助于企业更好地满足利益相关者的期望，促进可持续发展，提升长期竞争力。

（二）非财务因素的权衡与权重分配

在综合评估中，不同非财务因素对企业价值创造的影响程度是不同的。因此，企业需要进行权衡和权重分配，以确保不同因素在综合评价中得到适当的考虑。这涉及权重赋值的问题，即为各项指标赋予不同的权重。权重的确定可能涉及企业的战略目标、业务特性以及利益相关者的需求。例如，对一个注重环保的企业，环保因素可能会被赋予更高的权重。

1.权重的确定方法

确定非财务因素的权重是综合评估中的关键一步。企业可以采用多种方法来确定权重，以确保权重的分配更加客观和合理。

（1）战略目标导向法

企业可以根据其战略目标和长期发展规划来确定权重。如果企业强调可持续发展，那么环保、社会责任等因素可能会被赋予较高的权重。

（2）利益相关者参与法

进行权重分配时，可以考虑邀请内外部利益相关者参与，以获取不同观点的意见。例如，客户、员工、投资者等可以就不同因素的重要性提供反馈，从而确定权重分配的公平性和合理性。

（3）专家意见法

企业可以咨询领域专家的意见，以获取对不同因素影响的专业看法。专家的意见可以作为权重分配的参考依据，提高权重分配的准确性。

2.权重分配的挑战

在权重分配过程中，企业可能面临一些挑战，需要加以应对。

（1）主观性

权重分配往往涉及主观判断，不同人可能有不同的看法。企业需要采用合适的方法来降低主观性带来的影响，如多方意见征询和数据分析等。

（2）数据不足

有些非财务因素可能难以用具体数据支持，这可能导致权重分配缺乏依据。在这种情况下，企业可以借助调查问卷、市场研究等方法，收集尽可能多的信息。

3.灵活的权重调整

权重分配并不是一成不变的，随着企业战略和市场环境的变化，权重也需要灵活调整。企业应定期审查权重分配方案，确保其与实际情况相符。

4.透明度与沟通

在确定权重分配后，企业需要与内外部利益相关者进行透明的沟通。解释权重的分配原因和方法，以及权重调整的依据，有助于建立信任和理解。

通过合理的权重分配，企业可以更准确地反映不同非财务因素对企业价值创造的贡献，从而更全面地评估企业的综合表现。这有助于企业更好地满足利益相关者的期望，实现可持续发展和长期竞争力。

（三）数据收集与报告

将非财务因素纳入财务会计需要解决数据收集和报告的问题。非财务因素的涉及面广泛，往往需要跨部门、跨业务领域的数据。因此，企业需要建立有效的数据收集机制，确保数据的准确性和可靠性。此外，在报告非财务信息时，需要确保信息的透明度和易于理解，以便外部利益相关者更好地了解企业的综合表现。

1.建立有效的数据收集机制：

收集非财务因素所需的数据往往需要从不同部门、不同业务领域获取，涉及数据的收集、整合和处理。这可能面临以下问题：

（1）数据来源多样性

非财务因素涵盖范围广泛，数据可能来自供应链、客户反馈、员工调查等多个渠道，需要建立多样性的数据来源。

（2）数据质量

不同数据源的质量可能不一致，可能存在数据不准确、重复等问题。企业需要确保数据质量，对数据进行清洗和验证。

（3）跨部门合作

数据的收集往往需要不同部门的合作，涉及跨部门的数据共享和协调。需要建立有效的沟通机制，确保数据的流动和整合。

2.信息透明度和易理解性

报告非财务信息时，需要考虑信息的透明度和易理解性，以便外部利益相关者能够更好地了解企业的综合表现。

（1）信息披露

报告非财务信息需要适当地披露，包括数据来源、采集方法、处理过程等，以便外部利益相关者了解数据的背后情况。

（2）指标选择

选择合适的非财务指标是一个挑战。指标应该与企业的战略目标和业务特点相匹配，能够真实地反映企业的价值创造能力。

（3）报告格式

报告的格式应该简明扼要，避免使用过多的技术术语，以便非专业人士也能够理解。图表、图像等可视化工具可以帮助信息更易于理解。

3.合规性和审计

在报告非财务信息时，企业需要确保报告的合规性，遵循相关的法规和准则。此外，为了确保报告的可信度，还可能需要进行第三方审计。

综合考虑这些挑战，企业需要制定明确的数据收集和报告流程，建立内部控制机制，确保非财务信息的准确性、透明度和可信度。通过有效的数据管理和报告，企业能够更好地满足外部利益相关者的需求，提升企业形象，实现可持续发展目标。

（四）综合报告的影响

综合考虑非财务因素的评估结果可以通过综合报告向内外部利益相关者传达。这种报告不仅可以提供关于企业财务状况的信息，还可以包括企业在可持续发展、社会责任、创新等方面的表现。这样的综合报告有助于投资者更全面地了解企业的长期价值创造能力，从而更好地进行投资决策。此外，对外披露非财务信息也有助于建立企业的良好声誉，提高公众和投资者的信任度，进而增强企业的品牌价值和竞争力。

1.投资者的全面了解和决策支持

综合报告将财务和非财务信息结合在一起，使投资者能够更全面了解企业的表现和潜力。投资者在决策时不仅关注财务指标，还关注企业的可持续性、社会责任等方面。通过综合报告，投资者可以更准确地评估企业的长期价值创造能力，从而做出更明智的投资决策。

2.建立企业声誉和信任

综合报告的披露意味着企业对外界开放透明，愿意分享更多信息。这有助于建立企业的良好声誉，显示企业对社会责任的承诺和尊重。公众和投资者更愿意支持那些在财务和非财务方面都表现出色的企业，从而可以提高企业的信任度。

3.利益相关者的满意度提升

综合报告不仅对投资者有益，还对其他利益相关者如员工、客户、供应商等有积极影响。员工可能更愿意为那些注重可持续发展和社会责任的企业工作，因为这表明企业关心员工的福祉和环境。客户可能更愿意选择那些与其价值观相符的企业，供应商可能更愿意与有稳健商业实践的企业合作。

4.可持续发展目标的实现

综合报告可以促使企业更加关注可持续发展目标的实现。在报告中披露企业在环境、社会、治理等方面的表现，可以激励企业在这些领域持续改进，为社会和环境做出贡献。

5.监管合规和行业竞争力

一些国家和行业对企业的非财务表现有一定的监管要求，要求企业披露有关信息。通过综合报告，企业能够满足监管机构的要求，同时能够在行业内树立良好的声誉，提升竞争力。

综合考虑非财务因素是财务会计创新的一部分，它能够帮助企业实现更全面、更准确的价值评估。在不断变化的商业环境下，企业需要更加关注长期可持续发展，而不仅仅局限于短期财务指标。通过引入非财务因素，企业可以更好地实现长期价值创造，同时满足利益相关者的期望。

三、未来发展展望

未来，创新在财务会计领域的应用将更加广泛和深入。随着技术的不断发展，人工智能、区块链等将进一步嵌入财务会计，实现更高效、准确的数据处理和管理。同时，非财务因素的重要性将持续增强，企业将更加注重环境、社会和治理等方面的影响。综合应用不同创新方法，企业将能够更好地应对多变的商业环境，实现可持续的发展。

1.技术创新的前景

未来，技术创新在财务会计领域的应用将更加深入。人工智能将能够自动化财务数据的处理、分类和分析，从而提高数据的准确性和效率。区块链技术可以实现分布式账本，确保财务数据的安全性和透明度。大数据分析将帮助企业更好地预测市场趋势和客户需求。这些技术的应用将使财务会计更加智能化和自动化。

2.非财务因素的持续重要性

未来，非财务因素将继续在企业综合评价中发挥重要作用。随着可持续发展理念的普及，企业将更加注重社会责任、环境保护、治理健全等方面的表现。投资者、消费者和监管机构都会对企业在这些领域的表现提出更高的要求，因此企业需要更加综合地考虑这些因素。

3.综合方法的进一步发展

未来，企业将更加注重综合应用不同创新方法来评估企业绩效。将技术创新、流程创新和理念创新有机结合，形成更全面的绩效评价体系。企业可以制定更精准的绩效指标，更准确地评估财务和非财务因素的影响，从而更好地指导战略决策。

4.全球标准的推动

随着财务会计创新的发展，全球范围内对财务报告的要求也将逐步升级。国际会计准则、可持续发展目标等将引导企业在财务会计中综合考虑不同因素。同时，国际合作将推动财务会计创新的标准化，帮助企业更好地适应国际市场竞争。

5.数据隐私和安全的挑战

随着数据应用的扩大，数据隐私和安全将面临更大的挑战。企业在应用创新技术时需要确保数据的合规性和安全性，避免敏感信息泄露。因此，企业需要加强数据隐私保护措施，同时积极应对监管的要求。

创新在财务会计中的应用不仅可以提升财务数据的分析能力，还能够更好地满足企业内外部利益相关者的需求。通过结合数据挖掘技术、实时信息、非财务因素等多个维度的创新，企业可以更全面地评估自身的绩效、风险和价值创造能力，为其未来的可持续发展奠定坚实基础。

第五章　财务会计信息的创新

第一节　财务报表的创新设计与呈现

财务报表作为反映企业财务状况和业绩的重要工具，在不断发展的商业环境中需要适应变化的需求。创新的设计和呈现方式能够提高财务报表的信息传递效果，使其更具有吸引力和可理解性。

一、可视化技术在报表展示中的应用

可视化技术在财务报表设计中的应用是提高信息传递效果的重要手段。通过将复杂的财务数据转化为直观的图表和图像，可以帮助用户更容易地理解和分析信息，从而更好地支持决策和战略规划。

（一）可视化图表的应用

财务报表中的数据通常包含大量的数字和关系，这些数据如果仅以文字形式呈现往往难以被快速理解。在这种情况下，可视化图表如折线图、柱状图、饼图等可以将抽象的数字转化为直观的形式，从而更具有表达力。例如，一家企业可以通过折线图展示过去几年的营收变化趋势。这样的图表可以直观地展示出营收的波动和趋势，帮助读者更好地理解企业的业绩发展情况。柱状图则可以用来比较不同产品或不同时间段的销售额，呈现出数据之间的关系和差异。

1.折线图的应用

折线图是一种常见的可视化工具，适用于展示数据随时间变化的趋势。在财务报表中，企业可以使用折线图来呈现过去几年的营收变化趋势。通过折线图，读者可以直观地了解营收的波动和趋势，进而分析可能的影响因素。折线图的使用不仅可以提供对企业业绩演变的整体认知，还可以揭示出周期性或季节性的变化。

折线图可以将不同季度的营收数据进行对比，帮助读者迅速捕捉季度间的差异和趋势。这对评估企业季度业绩的稳定性和发展方向至关重要。

2.柱状图的应用

柱状图常用于比较不同类别的数据。在财务报表中，柱状图可以用来展示不同产品或不同时间段的销售额、成本结构等。通过柱状图，读者可以一目了然地看到不同数据之间的关系和差异，从而更好地进行分析和决策。

假设一家企业有多条产品线，想要了解各产品在一年内的销售额对比情况。通过柱状图，可以在同一图表上同时展示多个产品的销售额，使读者更容易比较各产品之间的表现。

3.饼图的应用

饼图适用于展示各部分占整体的比例关系。在财务报表中，饼图常用于显示不同成本构成、市场份额等的比例情况。通过饼图，读者可以直观地了解各项指标在整体中的重要性。

企业的成本构成对其经营决策至关重要。通过饼图，可以清晰地展示不同成本项目在总成本中的比例，从而帮助企业管理者更好地把握成本控制的重点。

通过以上的可视化图表应用，财务报表的信息不再是冰冷的数字，而是通过直观的图像传达给读者。这不仅可以提高报表的可读性，还可以加深读者对数据关系的理解，从而为更好的决策提供有力支持。不过，应该注意的是，在选择图表类型和设计时，需要充分考虑数据的特点和传达的目的，以确保图表真正能够达到清晰传达信息的效果。

（二）信息的分层呈现

财务报表通常包含多个层次的数据，从总体指标到具体细节。为了满足不同用户的需求，可视化技术可以将信息进行分层呈现，并提供交互式的展示方式。交互式的报表设计使用户能够根据自己的兴趣和需求选择查看不同层次的数据。用户可以通过缩放、点击和拖拽等操作，自由切换信息的展示方式，从而更深入地了解企业的财务状况。这种方式不仅可以提高报表的个性化程度，还可以增强用户的参与感和理解度。

1.分层设计的目的和优势

分层设计是将财务报表中的数据按照不同层次进行组织和呈现的方法。这种设计能够满足不同用户的需求，从整体到细节，可以提供更多层次的数据分析。分层设计的优势在于：

（1）个性化呈现

不同用户对财务数据的关注点不同。高层管理者可能更关心总体指标和趋势，而财务分析师可能需要深入了解细节。分层设计能够根据用户的角色和需求，呈现出个性化的报表内容。

（2）深入分析

通过分层呈现，用户可以逐层深入分析数据。从总体指标到具体细节，逐级展开，帮助用户深入理解数据的含义和关系，支持更深入的数据分析和洞察。

（3）交互式体验

分层设计常常与交互式报表相结合。用户可以通过缩放、点击、拖拽等操作，自由切换不同层次的数据展示。这种交互式体验增强了用户的参与感和探索性，使报表更具吸引力和实用性。

2.实现分层呈现的方式

实现分层呈现需要综合考虑数据结构、用户需求和技术手段。以下是几种实现分层呈现的方式：

（1）折叠与展开

报表可以通过折叠和展开的方式呈现不同层次的数据。用户可以点击某个总体指标，展开查看其下的细节数据，或者折叠以便于查看更高层次的指标。

（2）可点击图表

用户可以通过点击图表中的特定区域，切换到相应的细节数据页面。例如，点击柱状图的一个柱子，即可进入该柱子所代表的产品的详细销售数据。

（3）滚动式报表

在一页报表内，通过滚动或拖拽，用户可以逐步查看不同层次的数据。这种方式适合报表内容较为庞大的情况。

（4）交互式过滤器

报表中可以加入交互式的过滤器，用户可以选择特定维度的值，以实现数据的分层呈现和筛选。

3.交互式报表设计的挑战和注意事项

尽管交互式报表设计能够提供更多的灵活性和个性化体验，但需要注意以下挑战和注意事项：

（1）用户友好性

报表的交互设计应该符合用户的直觉和习惯，避免过于复杂或混乱的界面，确保用户能够轻松上手和操作。

（2）数据一致性

在不同层次的数据呈现中，数据应该保持一致性。不同层次之间的数据关联要明确，避免出现数据不匹配或矛盾的情况。

（3）性能考虑

交互式报表可能涉及大量的数据处理和呈现，要确保系统的性能足够支持用户流畅的操作和查询。

4.实际案例与应用

分层设计在实际案例中有着广泛的应用。例如，在财务报表中，可以通过分层设计展示公司的总体财务状况，然后逐步展开各个业务部门或产品线的财务数据。这种设计有助于高层管理者了解公司整体的经营状况，同时能满足各部门负责人对其业务细节的需求。

信息的分层呈现是财务报表设计中的重要策略，能够满足不同用户的需求，提供更深入的数据分析和洞察。通过交互式的展示方式，用户可以根据自己的兴趣和需求自由切换不同层次的数据，从而更好地理解企业的财务状况。然而，在实施分层设计时，需要综合考虑用户友好性、数据一致性以及性能等因素，以确保报表的有效性和可用性。

（三）地理信息展示

对拥有多个分支机构或跨国经营的企业，地理信息的展示可以帮助理解不同地区的业务表现。地图可以在全球或地区层面上展示销售额、利润、市场份额等数据，让管理者更直观地了解各地区的经营情况。地理信息展示不仅可以帮助企业识别高潜力的市场，还可以用来比较不同地区之间的业务表现。通过不同颜色或图标的标示，地图可以清晰地显示出不同地区的业务状况，从而为决策提供更有价值的信息。

1.业务表现的理解和分析

地理信息展示通过在地图上展示销售额、利润、市场份额等数据，帮助管理者更直观地了解不同地区的经营情况。通过不同颜色或图标的标示，地图可以清晰地显示出不同地区的业务状况，使管理者能够快速比较各地区的业务绩效。这种直观的展示方式可以帮助管理者更容易地发现潜在的问题和机会，从而指导决策和行动。

2.市场机会的识别

地理信息展示有助于企业识别高潜力的市场。通过比较不同地区的业务表现，企业可以发现一些地区具有较高的市场份额增长率或利润增长率。这些地区可能是市场机会的所在，企业可以加大投资和资源提供力度以扩展业务，从而取得更大的市场份额和竞争优势。

3.不同地区业务的对比分析

地理信息展示还可以用于比较不同地区之间的业务表现。通过在同一地图上同时展示多项业务指标，如销售额、利润等，可以帮助管理者更好地理解不同地区之间的关系。例如，某个地区的销售额较高但利润较低，而另一个地区的销售额虽然较低却有较高的利润率。通过这种对比分析，企业可以更好地确定业务优劣势，调整资源分配和经营策略。

4.风险管理与决策支持

地理信息展示也有助于企业早期发现风险。当某个地区的业务表现下滑时，管理者可以通过地图上的标示迅速注意到问题所在。这种实时的风险感知有助于及早采取措施来应对并防范可能的风险。同时，在制定决策时，地理信息展示能够为管理者提供更全面的信息支持，确保决策的准确性和可行性。

地理信息展示在财务报表设计中是一个强大的工具，它可以帮助企业更好地理解不同地区的业务表现，识别市场机会和风险，进行业务比较和对比分析，为决策提供更全面、更直观的信息支持。同时，在实施地理信息展示时，企业需要确保数据的准确性、隐私保护和可用性，以确保报表的有效性和实用性。

二、创新设计对信息传递效果的改进

创新的设计方法可以改进财务报表的信息传递效果，使报表更具吸引力和可读性。

（一）故事化的设计

将财务数据呈现为一个故事，能够更好地吸引读者的注意力。通过将数据融入一个有序的叙事中，财务报表不再是简单的数字堆积，而是能够讲述企业的发展历程和未来展望。

1. 引发兴趣和共鸣

故事化的设计以引人入胜的开场引发读者的兴趣和共鸣。通过以引人入胜的方式开始，如一个激动人心的创业故事、成功的转折点或者是企业的成就，可以激发读者的好奇心，让他们愿意进一步了解财务数据背后的故事。这样的开端能够吸引读者的情感参与，从而更有可能将他们引导至后续的财务数据分析。

2. 清晰的叙事结构

故事化的设计需要建立一个清晰的叙事结构，使得财务数据得以有机地串联起来。可以采用时间线、问题解决、成就达成等结构，将不同时间段或阶段的财务数据有序地展示。例如，从企业创立的初期，逐步展示不同阶段的财务数据变化，以及每个阶段所面临的挑战和取得的成就。这样的叙事结构能够使读者更容易理解企业的发展过程。

3. 数据背后的故事

故事化的设计着重关注数据背后的故事。每个财务数字都应该与实际事件和情境联系起来，解释为何会有这样的数字产生，以及这个数字背后所蕴含的含义。例如，不仅仅呈现利润的增长率，还要解释增长的原因，可能是新产品的成功推出、市场份额的增加或者战略性决策的影响。这样的解释能够使数据变得更有深度和可理解性。

4. 针对不同受众的设计

故事化的设计能够根据不同受众的需求进行定制。对高管层来说，可以突出企业的战略决策、未来规划以及业务展望。对投资者来说，可以重点呈现财务健康状况、回报预期以及风险管理措施。对员工来说，可以强调企业的成就、团队协作以及个人贡献。通过根据受众不同的关注点和需求进行设计，能够更好地传达核心信息。

故事化的设计不仅仅是简单地呈现数据，更是一种将财务数据与情感、情节相结合的艺术。它能够使财务报表不再是枯燥的数字，而是一个生动、引人入胜的故事，能够更好地传达企业的价值观、发展历程以及未来展望，从而更有效地支持决策和战略制定。然而，在设计过程中需要保持数据的准确性和可信度，避免夸大和误导，以确保故事化的设计依然具备专业性和学术价值。

（二）用户定制化

创新设计可以考虑用户的需求，提供用户定制化的报表呈现。不同的利益相关者可能对不同的财务指标感兴趣，通过让用户选择展示特定指标，可以使报表更有针对性和有用性。

1. 利益相关者多样性与信息需求

企业的利益相关者包括高管、投资者、员工、分析师、合作伙伴等多个群体，他们对财务信息的需求因其角色和目标而异。高管可能更关心企业的战略性指标、成本效益和利润情况，投资者可能更关注回报率和风险水平，员工可能希望了解企业的绩效和奖励体系。创新的报表设计应当根据不同利益相关者的需求，提供定制化的内容和展示方式。

2.用户选择与个性化报表设计

用户定制化报表设计可以通过交互式的方式实现。报表的设计可以提供一个界面，让用户根据自己的兴趣和需求选择展示特定的指标、时间段、地域等信息。例如，用户可以选择查看特定产品线的销售额、特定时间段的利润变化趋势，或者是特定地区的市场份额。这种方式使用户能够根据自己的焦点来定制报表，从而更好地理解和利用财务信息。

3.增强信息的可操作性

定制化报表设计不仅仅可以呈现信息，而且可以增强信息的可操作性。用户可以根据自己的需求灵活地选择展示内容，从而更好地支持他们的决策过程。例如，高管可以定制一个展示战略目标关联的财务指标的报表，投资者可以定制一个强调风险管理和回报预期的报表。这种个性化的设计使报表更有针对性，能够更好地满足用户的实际需求。

4.数据可靠性和隐私保护

在实现用户定制化报表设计的过程中，需要注意数据的可靠性和隐私保护。定制化的报表内容应当基于准确、可信的数据，避免因为数据质量问题而影响用户的决策。同时，对涉及敏感信息的定制化报表，需要确保用户隐私得到有效保护，遵循相关法律法规和道德规范。

用户定制化报表设计是财务报表创新的一种体现，能够更好地满足不同利益相关者的需求，提供更有针对性的信息，促进更精准的决策。然而，在设计过程中需要平衡个性化与数据可靠性、隐私保护等因素，确保定制化的报表设计既有专业性，又能够真正为不同用户带来价值。

（三）色彩与排版的优化

创新的设计包括色彩搭配和排版的优化。适当的色彩运用可以突出重要信息，而清晰的排版可以使报表更易于阅读和理解。

1.色彩运用的策略

适当的色彩运用可以帮助突出重要信息、引导阅读顺序，并增加报表的视觉吸引力。然而，色彩的运用需要慎重考虑，避免过度使用或颜色过于鲜艳而导致视觉疲劳。以下是一些色彩运用的策略：

（1）强调重要信息

通过使用鲜明的颜色，如红色或橙色，来强调重要的财务指标或关键信息，从而吸引读者的注意力。

（2）色彩对比

合理的色彩对比可以帮助不同元素之间的区分，如背景色与文字颜色的对比，以确保文字清晰可读。

（3）色彩的一致性

选择一套相互协调的色彩方案，并在整个报表中保持一致，以确保报表的整体美感。

（4）图表配色

在图表中使用不同颜色来区分不同数据系列，使读者能够快速区分数据，并理解数据之间的关系。

2.排版的优化

优化排版可以使报表更易于阅读和理解，帮助用户快速获取关键信息。清晰的排版可以减少阅读负担，使信息结构更为清晰。以下是一些排版优化的策略：

（1）分块与标题

将报表内容分成不同的块，并为每个块添加清晰的标题，以便用户快速找到自己感兴趣的信息。

（2）使用列表和编号

在呈现一系列相关信息时，使用列表和编号可以使信息更有序，易于读者阅读和比较。

（3）简洁明了

避免冗长的段落和复杂的句子结构，采用简洁明了的语言表达财务信息，减少歧义和误解。

（4）字体选择

选择易读的字体，并保持在整个报表中的一致使用，避免过多的字体变化。

（5）空白间隔

适当运用空白间隔可以分隔不同的内容块，使报表更具层次感，同时也会增加阅读的舒适度。

3.用户体验和可访问性

在色彩和排版设计中，还需要考虑用户体验和可访问性。色彩不宜过于刺眼，以免影响用户的阅读体验，同时应考虑色盲人群的需求。排版设计应当考虑不同设备和屏幕尺寸的适应性，确保用户无论在何种设备上都能够获得良好的阅读体验。

色彩和排版的优化是财务报表设计中不可忽视的方面，它们可以提升报表的可读性、吸引力和信息传递效果。通过合理运用色彩和优化排版，可以使财务报表既具视觉吸引力，又易于阅读和理解，从而更好地支持决策和沟通。

（四）使用图像和符号

图像和符号可以强化信息的传达。例如，使用图表来表示不同类型的数据，或使用符号来表示增长或下降趋势，都可以使报表更加生动有趣。

1.图像的应用

（1）图标和标识

在报表中使用图标和标识可以用来代表不同的数据类型或内容。例如，使用不同的图标来代表销售、成本、利润等，使报表更具可读性和易区分性。

（2）图表和图形

不同类型的图表和图形，如折线图、柱状图、饼图等，可以将数据以视觉化的方式呈现，更易于理解和比较。图表能够清晰地揭示趋势、关系和比例，帮助读者更好地解读数据。

（3）图像背景

在报表中插入与内容相关的图像背景，可以增加报表的吸引力和信息深度。例如，对可持续发展报表，可以插入与环境保护相关的图像，以强调企业的可持续发展理念。

2.符号的应用

（1）增长和下降符号

使用箭头符号或加减号来表示数据的增长或下降趋势，帮助读者快速理解数据的变化情况，从而更好地评估业务表现。

（2）比例和百分比符号

使用百分比符号来表示数据的比例或增长率，可以更直观地展示数据之间的关系，方便读者进行比较和分析。

（3）量词和单位符号

使用适当的单位符号和量词，如货币符号、单位缩写等，可以使数据更易于理解，减少混淆和误解。

3.提高信息传达效果

（1）强调重点

通过运用醒目的图像和符号，可以突出重要的数据或信息，引导读者关注关键指标。

（2）故事叙述

图像和符号可以与故事化的设计相结合，用来传达特定情境下的信息，使故事更生动。

（3）用户定制

根据不同受众的需求，选择适合的图像和符号，以满足不同用户的信息需求。

通过运用图像和符号，财务报表可以变得更加生动、易于理解，并且能够快速引导读者关注关键信息。同时，在使用图像和符号时，也需要注意适度，避免过度装饰和误导读者。正确地运用图像和符号，可以使财务报表更具吸引力、信息传达效果和价值。

第二节　新型财务指标的开发与应用

一、非财务数据在绩效评价中的角色

传统的财务指标在企业绩效评价中起着重要作用，但随着商业环境的变化，越来越多的企业开始意识到非财务数据在绩效评价中的价值。非财务数据涵盖了客户满意度、员工参与度、社会责任履行等多个方面，它们在揭示企业绩效的全貌方面具有重要作用。

（一）非财务数据的价值

非财务数据不仅能够提供财务指标无法呈现的信息，还能够更全面地反映企业在客户、员工、社会等多方面的表现。例如，客户满意度可以反映产品或服务质量，员工参与度可以揭示内部合作和创新力，社会责任履行可以衡量企业的可持续性。

1. 提供更全面的绩效评价

传统的财务指标虽然能够反映企业的盈利能力和财务状况，但它们往往无法全面地揭示企业的综合表现。非财务数据的引入使得绩效评价更加全面，能够从多个维度来了解企业的业务情况。

2. 客户满意度与产品质量

客户满意度是企业成功的关键因素之一，它直接关系到产品或服务的质量、可靠性和顾客体验。通过收集和分析客户满意度数据，企业可以了解客户对产品或服务的评价，从而及时做出改进，提升产品质量，增强客户忠诚度。

3. 员工参与度与内部合作

员工参与度反映了员工对企业的投入程度和满意度。高度参与的员工更有可能积极参与内部合作、分享创新想法，从而推动企业的创新和改进。了解员工参与度可以帮助企业发现问题，并采取措施提升内部协作效率。

（二）绩效综合考量

将非财务数据纳入绩效评价体系可以实现综合考量。绩效不仅仅取决于财务业绩，还取决于企业的社会形象、创新能力、人才培养等方面。非财务数据能够在绩效评价中提供更全面的视角，避免忽视非财务方面的重要成果。

1. 绩效评价的多维度性

传统的绩效评价主要依靠财务指标来衡量企业的业绩，如营收、利润等。然而，财务指标往往无法全面反映企业的整体表现和价值。绩效评价应该是一个多维度的过程，涵盖财务和非财务方面的因素。

2. 非财务数据的重要性

非财务数据在绩效评价中的作用越来越受到重视。企业的可持续性、创新能力、客户满意度、员工参与度等因素都能够通过非财务数据得到更好的体现。将这些因素纳入绩效考量，能够更准确地反映企业的价值和发展状况。

3. 实现综合考量的优势

绩效综合考量使企业能够更全面地了解自身的业绩和潜在风险。通过整合财务和非财务数据，企业可以得出更准确的绩效评价，避免片面追求短期财务指标而忽视其长期可持续性的发展。

（三）预测能力提升

非财务数据的使用能够增强企业的预测能力。例如，分析客户满意度的变化趋势可以预测未来客户流失的可能性，进而采取相应的措施进行干预。

1.非财务数据的价值在预测中的体现

预测是企业决策和规划的关键环节，而非财务数据的使用能够显著增强企业的预测能力。传统的财务数据虽然对预测有一定作用，但非财务数据能够提供更多维度和深度的信息，帮助企业更准确地预测未来的走势和变化。

2.客户满意度与客户流失的关系

以客户满意度为例，分析其变化趋势可以帮助企业预测未来可能的客户流失情况。当客户满意度下降时，可能意味着客户对产品或服务不满意，从而增加了流失的风险。通过监测客户满意度的变化，企业可以及早发现问题，采取措施改善产品或服务，从而减少客户流失。

3.预测模型的建立与优化

非财务数据的预测应用需要建立合适的预测模型。企业可以利用数据分析和机器学习等技术，将非财务数据与财务数据结合起来，构建更精准的预测模型。例如，可以将客户满意度、市场调研数据、员工参与度等非财务数据与销售数据等财务数据进行关联分析，从而建立更全面的预测模型。

4.预测的实际应用案例

除了客户满意度，还有许多其他非财务数据可以用于预测。例如，员工的培训和发展情况可以预测未来的人才储备；市场调研数据可以预测市场需求的变化趋势；供应链数据可以预测供应链风险等。通过将这些数据纳入预测模型，企业可以更精准地预测未来的情况，从而做出更好的决策。

5.预测干预与业务优化

预测不仅仅是为了提前了解可能的风险，还可以为企业的业务优化提供指导。基于预测结果，企业可以采取相应的干预措施，从而避免潜在的问题。例如，预测客户流失可能性较高的情况下，企业可以针对这部分客户采取个性化的营销策略，以增加其忠诚度。

6.不断优化预测模型

预测能力的提升是一个持续的过程。企业应该不断优化预测模型，结合实际情况进行调整和改进。随着时间推移，企业可以积累更多的数据，从而提升预测的准确性和可靠性。

通过利用非财务数据进行预测，企业可以更好地应对未来的挑战和机遇，提前做好准备，优化业务决策，实现持续增长和发展。

二、新指标的使用案例及效果验证

新型财务指标的开发不仅需要创新思维，还需要经过实际应用和效果验证。以下是一些新指标的使用案例及其效果验证。

（一）客户生命周期价值（CLV）

客户生命周期价值是衡量客户在其与企业之间的全部关系中为企业创造价值的指标。

通过分析一个客户的整个生命周期内产生的收入和成本，可以更好地了解不同客户的贡献，从而有针对性地制定营销策略。

1.客户生命周期价值的定义与重要性

客户生命周期价值（Customer Lifetime Value，简称CLV）是一项关键的业务指标，用于衡量一个客户在与企业建立全面关系的整个生命周期中为企业创造的价值。CLV考虑了客户在不同阶段产生的收入、成本以及利润，从而提供了一个综合性的视角，帮助企业更好地了解和管理客户关系。CLV的重要性在于它能够帮助企业识别高价值客户、优化客户管理策略以及提高客户满意度，从而实现长期的商业成功。

2.CLV的计算方法

CLV的计算方法可以基于不同的模型和假设，但通常包括以下几个关键的步骤：

（1）计算客户在不同阶段的贡献

需要确定客户在不同阶段（如获取、发展、保持、流失）的收入和成本。这涵盖了客户购买的产品或服务、交易的频率、购买金额以及与客户互动的成本。

（2）估算客户的留存率

预测客户在不同阶段的留存率是计算CLV的关键一步。留存率是指客户在特定时间段内继续保持与企业关系的概率。这可以通过历史数据和统计模型来预测。

（3）确定折现率

由于未来的收入和成本不同于现在的价值，需要使用折现率将未来的现金流转化为现在的价值。折现率通常考虑了时间价值和风险因素。

（4）计算CLV

根据以上信息，可以使用不同的模型（如简单CLV模型、BG/NBD模型、RFM模型等）来计算客户的生命周期价值。这些模型可以根据企业的具体情况进行调整和优化。

3.CLV的应用和价值

（1）客户分类和定位

通过计算CLV，企业可以将客户分为不同的价值层次，如高价值、中等价值和低价值客户。这有助于企业将资源集中投入高价值客户的留存和发展上，提高投资回收率。

（2）营销策略制定

CLV可以指导企业制定更精准地营销策略。对高价值客户来说，可以提供个性化的服务和优惠，以保持其忠诚度；对于低价值客户，可以通过一些促销活动来提升其购买频率和金额。

（3）客户关系管理

了解CLV可以帮助企业更好地管理客户关系。通过综合考虑客户的长期价值，企业可以更有针对性地关注投资客户关系的建立和维护。

（4）预测和决策支持

CLV的计算能力使企业能够更好地预测未来的现金流，并支持战略和决策的制定。例如，企业可以基于 CLV 决定投资客户服务和维护的资源。

4. 数据质量与模型选择的影响

CLV 的计算受到数据质量和模型选择的影响。准确的数据对计算准确的 CLV 至关重要。另外，模型的选择也会影响到计算结果的精确性。企业应该选择与其业务情况相匹配的模型，并不断优化模型参数。

通过全面了解 CLV，企业可以更好地发展客户关系，实现客户满意度的提升，提高市场份额和竞争力，从而实现长期的可持续增长。

（二）员工满意度指数

员工满意度不仅关系到内部员工的幸福感，还与企业的绩效和创新力相关。通过定期调查员工满意度，并将其纳入绩效评价体系，可以推动企业建立更好的人才管理机制。

1. 员工满意度的重要性与影响

员工满意度指数是一个用于衡量员工对工作环境、工作内容、企业文化等方面的满意程度的指标。员工满意度不仅是企业关注员工福祉的体现，更是与企业绩效、创新力、员工稳定性等密切相关的关键因素。员工满意度的高低直接影响员工的工作积极性、创造力和忠诚度，从而对企业的运营和发展产生深远影响。

2. 员工满意度指数的测量方法

（1）定期调查和问卷调查

企业可以定期进行员工满意度调查，通过匿名问卷了解员工对工作环境、领导管理、职业发展等方面的满意度。问卷中的问题可以涵盖工作挑战、团队合作、薪酬福利等。

（2）定量指标和定性分析相结合

员工满意度指数可以通过将定量数据与定性分析相结合来计算。定量数据可以是各项满意度指标的得分，而定性分析可以从员工的言辞中获取更深层次的信息。

（3）综合评估体系

员工满意度指数可以综合考虑多个方面的因素，如工作环境、领导风格、职业发展机会、薪酬福利等。通过权重设置，将不同方面的满意度指标综合计算，得出总体的员工满意度指数。

3. 员工满意度与绩效的关系

（1）员工绩效

员工满意度与员工的工作绩效密切相关。满意的员工更有可能保持高水平的工作积极性和创造力，从而产生更好的绩效表现。企业可以通过分析员工满意度指数和绩效之间的关系，来调整和优化人才管理策略。

（2）员工流失率

员工满意度低可能导致员工的流失，增加企业的人才流失成本。一些研究表明，员工满意度与员工的离职意愿密切相关。因此，企业关注员工满意度可以降低员工流失率，保持人才的稳定性。

4.员工满意度与创新力的关系

（1）员工参与度

满意的员工更有可能参与到创新和改进的活动中。他们愿意分享自己的想法和建议，促进企业的创新文化。

（2）创造力释放

员工满意度高可以释放员工的创造力。满意的员工更有动力提出新的想法和解决方案，从而推动企业的创新力和竞争力提升。

5.员工满意度指数在绩效评价体系中的应用

将员工满意度指数纳入绩效评价体系可以为企业建立更好的人才管理机制和运营策略提供有力支持。企业可以将员工满意度作为员工绩效评价的一项重要指标，使员工满意度与奖惩体系相结合。同时，企业还可以通过分析员工满意度指数的变化趋势，及时调整人力资源策略，提升员工幸福感和工作满意度。

总之，员工满意度指数不仅可以反映企业对员工福祉的关注，更是与企业绩效和创新力紧密相关的关键因素。通过定期调查员工满意度、分析其与绩效、创新力的关系，企业可以优化人才管理、提高员工满意度，进而实现更高水平的运营绩效和创新发展。

（三）社会影响力指数

在企业社会责任日益受到关注的今天，社会影响力指数可以用来衡量企业在环境、社会、治理等方面的表现。这不仅有助于企业树立良好的社会形象，还可以促进企业可持续发展。

1.社会影响力的维度和测量

（1）环境维度

社会影响力指数考察企业在环境保护方面的表现，如是否遵守环保法规、是否采取节能减排措施等。

（2）社会维度

社会影响力指数评价企业在社会责任履行方面的努力，如是否关注员工权益、是否参与公益活动等。

（3）治理维度

社会影响力指数关注企业的治理结构和道德伦理，如是否存在腐败行为、是否建立有效的内部控制机制等。

（4）利益相关者参与

社会影响力指数的评价过程中，还可以考虑利益相关者的参与，如员工、客户、社会组织等，以多维度的视角来评估企业的社会影响。

2.社会影响力的重要性与作用

（1）塑造企业形象

良好的社会影响力指数有助于塑造企业的正面形象，提高公众对企业的认同感和信任度。

（2）可持续发展推动

企业在社会影响力的考虑下，更加注重可持续发展。通过关注环境保护、社会责任，企业能够在长期内保持可持续性发展。

（3）吸引投资者和客户

越来越多的投资者和消费者倾向于支持社会责任感强的企业。良好的社会影响力指数有助于吸引投资者和客户的关注和选择。

3.社会影响力指数的应用案例及效果验证

（1）企业社会责任报告

基于社会影响力指数，企业可以编制翔实的社会责任报告，展示企业在环境、社会、治理方面的实际行动和成果。

（2）投资决策

投资者在考虑投资企业时，除了财务数据，还会关注企业的社会影响力。一些投资机构甚至将社会影响力作为投资决策的重要因素。

（3）行业竞争力提升

企业在追求高社会影响力的过程中，也会促使整个行业更加关注社会责任。这有助于提升整个行业的社会影响力，增强行业的可持续发展能力。

社会影响力指数作为衡量企业在社会责任履行方面的综合性指标，在企业的可持续发展和社会形象塑造方面具有重要作用。通过在环境、社会、治理等多个维度的评估，企业可以更好地反映自身的绩效表现，为各方利益相关者提供全面的信息，从而促进企业实现可持续的成功。

（四）创新能力指数

创新能力指数可以从产品、流程、组织等多个维度评估企业的创新水平，从而帮助企业发展更具竞争力的创新战略。

1.创新能力的多维度评估

（1）产品创新

企业的产品创新能力涉及产品设计、研发以及与市场需求的契合程度。通过评估企业推出的新产品数量、市场份额的提升等指标，可以客观地反映企业在产品创新方面的表现。

（2）流程创新

流程创新涉及企业内部运营流程的优化和改进，以提升效率和降低成本。评估流程创新能力可以关注流程重组、数字化转型等方面的举措，以及其对企业绩效的影响。

（3）组织创新

组织创新关注企业内部的组织结构、文化和管理方式的创新。评估组织创新能力可以关注企业的灵活性、创新文化的培养，以及员工参与创新的程度。

2.创新能力指数的构建与计算

（1）指标选择

构建创新能力指数需要选择合适的评价指标，如新产品数量、研发投入占比、流程改进效率提升等。

（2）权重分配

各个维度和指标的重要性不同，需要为其分配合理的权重。例如，对技术驱动的企业，产品创新可能具有更高的权重。

（3）数据采集与计算

根据选定的指标和权重，收集相应的数据并进行计算。创新能力指数可以是一个综合的加权指数，也可以分别计算各个维度的子指数。

3.创新能力指数的应用案例及效果验证

（1）创新战略制定

通过创新能力指数的评估，企业可以了解自身在不同创新维度上的优劣势，从而制定更具竞争力的创新战略。

（2）资源分配决策

创新能力指数可以帮助企业合理分配资源，将更多资源投入到创新表现较低的领域，以实现全面提升。

（3）与竞争对手比较

企业可以将自身的创新能力指数与竞争对手进行比较，了解自身在创新领域的差距，从而找到改进的方向。

创新能力指数作为评估企业创新水平的重要工具，可以为企业提供全面了解和优化创新能力的途径。通过多维度的评估和指标的权衡，企业可以更好地制定创新战略，提升自身的市场竞争力，实现可持续的创新发展。

（五）效果验证

企业可以在一定时间范围内使用新指标，并与传统财务指标进行对比分析。例如，引入客户生命周期价值后，企业可以观察客户留存率、平均购买频次等指标是否有明显改善，从而验证新指标的有效性。

1.设计验证方法

（1）选择时间范围

为了有效验证新指标的效果，企业需要选择一个合适的时间范围进行观察和分析。这个时间范围应该足够长，能够涵盖不同市场环境和经济周期。

（2）建立对照组

企业可以选择一部分业务作为对照组，使用传统财务指标进行分析和评估。另一部分业务作为实验组，引入新指标进行观察和分析。

2.数据收集与分析

（1）数据收集

在验证过程中，企业需要收集与新指标和传统财务指标相关的数据，包括客户数据、销售数据、成本数据等。确保数据的准确性和全面性对验证结果的可靠性至关重要。

（2）数据分析

利用收集到的数据，企业可以对对照组和实验组进行比较分析。观察新指标引入后，是否出现明显的变化和趋势，以及这些变化是否与企业的预期效果相一致。

3.效果验证指标

（1）客户留存率

引入新指标后，观察客户留存率是否有所提升。新指标的使用是否能够促使企业更好地维护现有客户，并增加他们的忠诚度。

（2）市场份额

通过引入新指标，企业的市场份额是否有所增加。新指标是否能够帮助企业更好地洞察市场需求，从而制定更精准的市场推广策略。

（3）业务增长率

观察新指标是否能够对企业的业务增长率产生积极影响。新指标是否能够帮助企业发现新的增长机会和潜力。

4.结果分析与决策

通过对比分析，企业可以得出新指标在业务运营中的实际效果。如果新指标能够显著改善业务绩效，企业可以考虑将其纳入常规的绩效评价体系中，从而指导日常经营和决策。如果验证结果与预期效果不符，企业就需要深入分析原因，就可能需要调整指标定义或实施方法。

通过有效的效果验证，企业可以更好地了解新型财务指标的实际效果，并在实践中得出结论。这种验证不仅有助于企业更好地理解新指标的价值，还可以指导企业的业务发展和战略制定，从而实现更好的经营绩效。

第三节　技术驱动的财务会计信息披露创新

一、区块链技术提升信息披露的可信度

随着数字化时代的发展，技术在财务会计信息披露领域的应用越来越受到关注。区块链技术作为一种分布式、不可篡改的技术手段，对提升信息披露的可信度具有巨大潜力。本节将探讨区块链技术如何在财务会计信息披露中发挥作用，以提升信息的透明度和可信度。

（一）数据不可篡改性

通过将数据以块的形式链接在一起，并使用密码学算法进行加密，区块链技术确保一旦数据被记录，就无法被篡改、修改或删除。这种特性可以为财务报表的可信性和数据完整性提供强有力的保障，具有重要的意义。

在财务会计信息披露领域，数据的不可篡改性对维护数据的真实性和可信性至关重要。传统的财务报表可能会受到人为操作、数据篡改和伪造等风险的影响，从而会影响信息披露的可信度。借助区块链技术，企业可以将重要的财务数据和报表记录在区块链上，每一笔交易都会被加密、标记时间戳，并与之前的交易连接在一起形成一个不可变的数据块。这意味着一旦数据被记录，就无法被修改或删除，任何的篡改行为都会被系统和其他节点立即发现。

对财务报表的披露和审计，数据的不可篡改性具有重要意义。企业可以确保财务数据的完整性和真实性，减少了数据被篡改、伪造或误报的可能性。同时，监管机构、投资者和其他利益相关者能够更加信任企业披露的数据，从而提高信息披露的可信度。此外，数据的不可篡改性也为企业提供了防范欺诈和内部操纵的手段，有助于构建更加透明和诚信的商业环境。

虽然数据的不可篡改性在很大程度上增强了财务信息的可信度，但需要注意到区块链技术本身的安全性和保护措施。私钥管理、智能合约漏洞等问题仍然存在，需要企业和技术社区共同努力来解决。总体而言，数据不可篡改性是区块链技术为财务会计信息披露带来的巨大优势，将为未来的信息披露实践提供更加可信和安全的环境。

（二）透明度和可追溯性

区块链技术的另一个重要特征是透明度和可追溯性，这可以为财务会计信息披露带来深远的影响。通过区块链技术，所有的交易和数据都被公开记录在区块链上，任何人都可以访问和查阅这些数据。这种透明度和可追溯性可以为信息披露的过程和结果提供更高的可信度和可验证性。

在财务会计信息披露领域，透明度意味着企业披露的数据和信息是公开可见的，不再局限于特定的受众群体。监管机构、投资者、媒体以及其他利益相关者都可以访问区块链上的数据，了解企业的财务状况和业绩表现。这种公开透明性有助于防止信息的隐瞒和不准确披露，可以有效地减少信息不对称和不透明性带来的风险，提升信息披露的可信度。

同时，区块链技术的可追溯性特性为财务会计信息披露带来了重要的好处。每一笔交易都被加密和时间戳，并与之前的交易链接在一起，形成了一个不断增长的区块链。这意味着任何一笔交易都可以被追溯到其源头，从而可以确保数据的真实性和准确性。对财务报表的审计和验证，可追溯性使得审计人员能够更轻松地核实数据的来源和流向，增强了数据的可信度。

同时，透明度和可追溯性也带来了一些挑战。公开透明性可能会涉及隐私保护的问题，特别是涉及个人隐私数据的情况。另外，对一些商业机密和敏感信息，企业可能需要在披露过程中进行适当的策略性处理。此外，确保区块链上数据的准确性和完整性，也需要依赖于技术的安全性和保护措施，以防止恶意篡改等风险。

透明度和可追溯性是区块链技术为财务会计信息披露带来的重要优势。通过这些特性，区块链技术能够提供更高的可信度、可验证性和信息披露的公正性，为企业和利益相关者创造更加透明和可靠的商业环境。

（三）去中心化的审计

传统的审计过程可能受到企业内部或外部的操纵，从而影响审计结果的可信度。区块链技术可以实现去中心化的审计，即多个验证节点共同验证财务数据的真实性。这些节点通过共识机制达成一致，从而可以减少操纵数据的可能性，可以提高审计的可信度。去中心化的审计还能够增加审计的透明度，使审计过程更加公正和可信。

1. 多节点验证机制

去中心化的审计基于区块链技术中的多节点验证机制。在区块链网络中，存在多个验证节点，它们独立地验证和记录交易和数据。这些节点通过共识机制达成一致，确保交易的真实性和准确性。在财务会计信息披露中，企业可以将关键的财务数据和报表记录在区块链上，由多个验证节点进行审计验证。每个节点都有权对数据的真实性进行验证，从而可以减少任何单一节点的操纵可能性。

2. 提高可信度与公正性

去中心化的审计通过多节点验证，可以提高审计的可信度和公正性。由于多个验证节点的独立验证和共识机制的约束，数据被更多角度和独立实体审查，可以降低信息被篡改的风险。这使得审计结果更加可信，有助于维护企业和利益相关者之间的信任关系。同时，去中心化的审计可以降低个别节点的错误或不端行为对审计结果的影响，从而可以提高审计的公正性。

3. 透明度与公开性

区块链技术的去中心化特性增加了审计的透明度和公开性。每个验证节点都可以查看和验证数据，审计过程变得更加透明和可追溯。这使得利益相关者可以更容易地监督和验证审计的过程，确保审计的公正性和准确性。这种透明性有助于消除审计结果可能受到的怀疑，进一步增强了审计的可信度。

然而，去中心化的审计也面临一些挑战。例如，如何确保验证节点的独立性和公正性，以及如何处理节点之间可能的分歧和冲突，都是需要解决的问题。此外，技术的安全性和性能问题也需要考虑，以保障审计过程的可靠性和效率。

总体而言，去中心化的审计是区块链技术在财务会计信息披露中的一项重要应用，它通过多节点验证和共识机制，提高了审计的可信度、公正性和透明度。然而，在实际应用中仍需要克服一些技术和管理上的挑战，以实现更加可靠和有效的财务会计审计。

（四）智能合约的应用

智能合约是一种基于区块链的自动执行合约，其中包含预先设定的条件和操作。在财务会计信息披露中，智能合约可以自动触发披露事件。例如，当某项财务数据达到一定条件时，智能合约可以自动执行数据披露操作，确保信息按时、准确地披露给相关方。这有助于减少人为干预、延误和错误，提高了信息披露的可靠性。

1. 智能合约概述

智能合约是一种基于区块链技术的自动执行合约，其中包含了预先设定的条件和操作。一旦满足了预设条件，智能合约就会自动执行相应的操作，无须人为干预。在财务会计信息披露领域，智能合约可以被广泛应用，以自动化和确保信息披露过程的可靠性、准确性和及时性。

2. 自动触发信息披露

在财务会计信息披露中，智能合约的主要应用之一是自动触发信息披露事件。企业可以通过智能合约将披露条件和时间节点编码为合约的一部分。例如，当某项财务数据达到特定阈值时，智能合约可以自动触发数据的披露。这种自动化的机制可以确保财务数据在符合条件的情况下及时披露，可以减少信息披露过程中人为干预和延误的风险。

3. 减少人为错误和篡改风险

智能合约的自动化特性有助于减少人为错误和篡改风险。由于智能合约是基于预设的条件执行操作，它们在执行过程中不会受到人为情感、误操作或操纵的影响。这意味着财务数据的披露过程更加可靠和准确，不容易受到恶意篡改或错误报告的影响。

4. 提高披露过程的透明度

智能合约的执行是公开可见的，所有参与区块链网络的节点都可以查看合约的执行情况。这使得披露过程变得透明，所有利益相关者都可以验证披露事件是否按照预期条件执行。透明的披露过程有助于维护企业与投资者、监管机构以及其他利益相关者之间的信任关系，增加信息披露的可信度。

5. 自动化合规性

智能合约可以被编程以确保信息披露过程符合法规和合规性要求。合约可以包含特定的合规条件，以确保披露操作满足法律和监管要求。一旦合规条件得到满足，智能合约就会自动执行相应的披露操作，从而降低企业因合规问题而面临的风险。

然而，智能合约的应用也面临一些挑战。首先，智能合约的编写需要确保准确性和安全性，以避免潜在的漏洞和错误。其次，智能合约的执行需要消耗区块链网络的资源，因此需要考虑性能和成本问题。最后，智能合约的合规性和法律责任也需要认真考虑，以确保合约的执行不违反法律法规。

智能合约在财务会计信息披露中的应用可以为信息披露过程带来更高的自动化、准确性和透明度。尽管还存在一些挑战，但随着区块链技术的进一步发展和成熟，智能合约有望在信息披露领域发挥更大的作用，为企业和利益相关者创造更多的价值。

区块链技术的应用为信息披露的可信度提供了革命性的提升。数据不可篡改性、透明度和可追溯性、去中心化的审计以及智能合约的应用等方面的优势，使财务会计信息披露更具可信度和透明度。

二、技术创新与信息披露法规的平衡

（一）平衡技术创新和法规遵循

技术创新在财务会计信息披露领域带来了许多机遇，包括提升披露效率、增强数据可信度等。然而，技术创新也需要与现有的信息披露法规进行平衡。企业在应用新技术时需要确保符合法规的要求，以避免因违规行为带来的法律风险。监管机构在这一过程中扮演着关键的角色，需要积极跟进技术的发展，及时制定相应的法规和准则，以适应技术创新带来的挑战和变化。这就需要法规的制定者与技术专家紧密合作，以确保法规的针对性和实施性。

1. 技术创新带来的机遇

技术创新在财务会计信息披露领域带来了更多机遇。通过应用新兴技术，如区块链、人工智能、大数据分析等，企业可以极大地提升信息披露的效率和质量。例如，区块链技术可以保障数据的不可篡改性和透明性，从而提升财务信息的可信度。人工智能和大数据分析可以帮助企业更快速地分析和整理海量数据，提取出有价值的信息，为决策者提供更准确的财务信息支持。这些技术创新不仅有助于优化信息披露流程，还能够提升投资者和其他利益相关者对企业财务状况的理解。

2. 技术创新与法规的平衡

在应用新技术时，企业需要确保符合各项法规和法律的要求。尤其是在涉及财务信息披露的领域，保护投资者利益、维护市场秩序是至关重要的目标。如果技术创新不受法规的监管，就可能引发信息不对称、数据安全等问题，甚至为不法分子提供可乘之机。因此，企业需要在技术创新的过程中，充分考虑法规遵循，确保技术应用的合法性和合规性。

3. 监管机构的角色

在技术创新与法规遵循的平衡中，监管机构扮演着重要的角色。监管机构需要积极跟进技术的发展，了解新技术带来的影响和挑战。监管机构应该及时制定适用的法规和准则，以确保新技术在信息披露过程中得到合规应用。监管机构需要与企业、行业协会、技术专家等密切合作，共同解决技术创新带来的法律和监管问题。同时，监管机构应该保持灵活性，及时更新法规，以适应技术发展的速度和变化。

4. 合作与沟通的重要性

为了实现技术创新和法规遵循的平衡，合作与沟通显得尤为重要。企业、监管机构、技术专家、学术界等各方应该积极合作，共同探讨如何在保障技术创新的同时，确保信息披露的合法性和安全性。技术专家可以提供技术上的建议和指导，帮助制定更符合实际情况的法规。学术界可以进行研究和评估，深入探讨技术创新和法规遵循的平衡策略。通过多方合作，可以找到更有效的方法来应对技术创新带来的挑战。

（二）信息披露隐私和安全考虑

技术创新在提升信息披露效率的同时，也引发了信息披露隐私和安全的问题。特别是在使用区块链等分布式技术时，数据一旦上链，就变得不可篡改，但也可能导致敏感信息的泄漏。企业需要充分考虑如何在保障数据安全的前提下实现信息披露的透明度。这可能涉及数据加密、访问控制、隐私权保护等方面的技术措施。同时，监管机构也需要建立相关的指导意见，规范企业在信息披露过程中的隐私和安全保护。

1.隐私与安全问题的引发

随着技术创新的快速发展，信息披露领域面临着新的隐私和安全挑战。在应用新技术进行信息披露时，企业需要考虑如何在提升透明度的同时保障敏感信息的隐私和安全。特别是在使用区块链等分布式技术时，数据一旦被上链，就变得不可篡改，但也意味着数据将永久性地公开可见。这可能导致企业敏感信息的泄露，如个人隐私、商业机密等，从而引发法律诉讼、声誉损害等问题。

2.技术措施的应用

为了解决信息披露中的隐私和安全问题，企业可以采取多种技术措施来保护敏感信息。首先，数据加密是一种常用的方法，通过对敏感数据进行加密，即使数据被泄露，也很难解读其中的内容。其次，访问控制是另一种重要的手段，企业可以设定不同层次的权限，确保只有授权人员才能访问敏感信息。最后，隐私保护技术也在不断发展，如隐私计算、同态加密等，可以在不暴露原始数据的前提下进行数据分析和计算。

3.监管机构的作用

在信息披露隐私和安全方面，监管机构扮演着重要的角色。监管机构需要建立相关的指导意见和法规，规范企业在信息披露过程中的隐私和安全保护措施。这些指导意见可以明确敏感信息的定义、分类和处理方式，同时可以规定企业在使用新技术时的安全标准和要求。监管机构还可以与技术专家和企业保持密切合作，共同探讨如何在保障数据隐私和安全的同时，充分发挥技术创新的优势。

4.隐私权平衡与公共利益

在解决信息披露隐私和安全问题时，需要平衡隐私权与公共利益之间的关系。尽管保护个人隐私是必要的，但在信息披露中，公众的知情权和监督权也同样重要。因此，企业和监管机构需要在确保隐私保护的前提下，寻求隐私权与公共利益之间的平衡点。这可能需要制定明确的规则，界定何种情况下可以披露敏感信息，以及如何保障数据的安全性。

（三）培训与教育的重要性

随着技术的快速发展，培训与教育变得至关重要。企业需要投资培训员工，使他们掌握新技术的应用方法和操作流程。对新兴技术如区块链，员工需要了解其工作原理、优势、风险以及合规性要求。同时，监管机构应加强对从业人员的培训，使其能够理解技术创新对信息披露的影响，掌握监管要求，确保技术应用过程中的合规性。此外，专业人士和学术界可以发挥重要作用，通过举办培训、研讨会等活动，促进业界对技术创新与法规平衡的深入讨论和理解。

1.员工培训的必要性

随着技术的迅速演进，企业在应用新技术时需要确保员工具备相关知识和技能。特别是在财务会计信息披露领域，技术创新如区块链、智能合约等的应用，需要员工具备相应的技术理解和操作能力。因此，培训员工成为保障信息披露质量和可信度的必要措施。

2.新技术的培训内容

对新兴技术如区块链，培训内容可以涵盖多个方面。首先，员工需要了解该技术的工作原理和基本概念，以便理解其在信息披露中的应用方式。其次，员工需要熟悉技术的优势和局限性，以便在实际操作中作出明智的决策。再次，员工需要了解技术应用过程中可能面临的风险，如数据泄露、安全漏洞等，并学习如何应对和预防这些问题。最后，员工应了解技术应用的合规性要求，以确保在信息披露过程中不违反相关法规和准则。

3.监管机构的角色

监管机构在推动技术创新的同时，也需要加强对从业人员的培训。监管要求和指导意见通常在法规中得到明确，但从业人员需要理解其中的含义和具体操作方式。监管机构可以定期组织培训活动，向从业人员介绍新技术的应用要点、合规要求和监督措施，帮助他们更好地理解和遵守相关规定。

4.专业人士和学术界的作用

除了企业和监管机构，专业人士和学术界也可以在培训与教育方面发挥重要作用。专业人士可以举办研讨会、研讨会等活动，分享他们的实际经验和见解，促进业界对技术创新与法规平衡的深入讨论。学术界可以开设相关课程，培养学生的技术和法规意识，为未来从业人员的培训打下基础。

在技术创新与信息披露法规平衡的过程中，培训与教育的重要性不可忽视。培训员工、提升从业人员的技术和法规意识，是确保技术创新能够真正为信息披露带来价值的关键步骤。企业、监管机构、专业人士和学术界应共同努力，通过合作、交流等方式，推动技术创新与培训教育的有机结合，实现信息披露的可信度和合规性。

第六章 财务会计流程的创新

第一节 创新会计核算方法与流程

一、现有核算方法的痛点与不足

现有的会计核算方法在面对复杂多变的商业环境时，可能出现一系列痛点和不足之处，这些问题可能影响到企业财务信息的准确性、及时性和可靠性。

（一）复杂性与烦琐性

传统的会计核算方法常涉及大量手工操作和数据录入，导致核算流程复杂且烦琐，容易出现错误。手动处理容易造成数据输入错误、计算错误或遗漏，进而影响财务信息的准确性。尤其在大规模的企业中，复杂的核算过程可能需要耗费大量人力和时间，降低了效率，同时增加了人为错误的风险。

1.手工操作与数据录入

传统的会计核算方法往往涉及大量的手工操作和数据录入，这是导致核算流程复杂且烦琐的主要原因之一。会计人员需要逐笔录入交易数据、进行计算和整理，这不仅费时费力，还容易引发人为错误。手动数据录入存在输入错误、计算错误、重复录入等问题，进而影响了财务信息的准确性。尤其在大规模的企业中，涉及的数据量更大，可能需要投入更多的人力资源来完成核算工作，导致了效率的下降。

2.错误和遗漏

手工操作和数据录入容易导致数据的错误和遗漏。在繁忙的工作环境中，会计人员可能因为疲劳、赶工期等原因出现注意力不集中，从而错漏数据录入或计算步骤。这些错误可能不容易被及时发现，进而影响了财务报表的准确性。特别是在复杂的核算过程中，可能需要多次的数据传递和处理，每一步都可能产生错误，错误累积后的影响可能不容忽视。

3.效率问题

由于涉及大量手工操作和数据录入，传统会计核算方法的效率问题日益凸显。核算流程可能需要经过多个烦琐的步骤，需要耗费较长的时间才能完成。这使得财务信息无法及时生成，从而影响及时了解企业经营状况和做出迅速决策的能力。特别是在现代商业环境中，市场和竞争的变化速度很快，对信息的时效性提出了更高的要求。

4. 人为错误的风险

由于手动操作和数据录入存在人为因素，人为错误的风险也相应增加。人们可能疏忽、马虎或因为其他原因造成数据错误，这会对财务报表的准确性产生负面影响。人为错误可能需要额外的时间和资源来纠正，增加了整个核算流程的复杂性和烦琐性。

手工操作和数据录入容易导致错误和遗漏，同时也会降低核算的效率。为了提高核算流程的准确性和效率，寻求创新的会计核算方法成为不可回避的挑战。

（二）时效性不足

传统核算方法通常需要经过多个步骤，从数据收集到报表生成，这会导致核算周期较长，从而影响财务信息的时效性。这使企业难以及时获取准确的财务数据，从而难以迅速了解企业的经营状况和做出及时决策。特别是在快速变化的商业环境中，时效性成为一项关键需求，传统核算方法已经难以满足这一要求。

1. 多步骤的核算流程

传统核算方法通常涉及从数据收集到报表生成的多个步骤，每一步都需要时间来完成。数据的采集、整理、处理、核算以及报表的生成都需要耗费一定的时间。这种多步骤的核算流程导致了核算周期的延长，使得财务信息的生成变得相对缓慢。在传统核算中，数据的流通路径可能较长，需要经过不同的环节，每一环节都可能增加处理时间，从而影响核算的时效性。

2. 时效性需求的提升

在现代商业环境中，信息的时效性成为一项至关重要的需求。企业需要及时获取准确的财务数据，以便做出迅速决策和应对市场变化。然而，传统核算方法的时效性不足，使企业难以满足这一需求。特别是在全球化和数字化的背景下，市场的变化速度加快，需要更加实时的财务信息来指导决策。

3. 影响决策的能力

财务信息的时效性直接会影响企业的决策能力。如果财务数据不能及时生成和提供，企业可能都会错失市场机会，无法快速应对风险，甚至做出不准确的决策。时效性不足可能使企业在竞争中处于劣势地位，影响其业务的长期可持续发展。

4. 数字化转型的需求

随着数字化转型的推进，企业需要更加高效和实时的核算方法来适应数字化时代的要求。传统核算方法无法满足数字化转型的需求，需要寻求创新的核算方法来提升核算的时效性和准确性。

在快速变化的商业环境下，企业需要更加高效和实时的核算方法来满足信息的时效性需求。这促使企业不断探索创新的核算方法，以适应数字化时代的挑战。

（三）数据不一致性

在企业内部，不同部门可能使用不同的数据源和核算方法，导致数据在流程中传递和整合时出现不一致性。这可能由于数据格式、计算方式等的不同而引发数据不匹配的情况，进而影响财务信息的准确性。数据不一致性还可能使企业难以形成整体的财务画面，阻碍了综合性的决策制定。

1. 多样的数据源和核算方法

在企业运营过程中，不同部门可能使用各自的数据源和核算方法来记录和处理业务数据。例如，销售部门、采购部门、生产部门等可能分别使用不同的软件系统来管理和核算相关数据。这种多样性会导致不同部门之间数据的异构性，使得数据在整合过程中容易产生不一致性。

2. 数据格式和计算差异

由于不同部门采用不同的数据格式和计算方式，数据在流程中传递和整合时可能出现不匹配的情况。例如，一个部门使用百分比来表示某项指标，而另一个部门使用小数来表示同一指标，就可能导致数据不一致。这种差异可能涉及单位、货币、计量方法等多个方面，使得数据的整合和比较变得困难。

3. 数据传递和录入错误

在数据传递和录入的过程中，由于人为因素或疏忽，可能导致数据的错误录入或传递。这些错误不仅可能影响数据的准确性，还可能导致数据的不一致性。即使是微小的错误在数据整合过程中可能也会被放大，进而影响到财务信息的正确性。

4. 综合性决策的困难

数据不一致性使得企业难以形成一个准确、完整的财务画面。这对需要基于全面数据作出综合性决策的企业来说是一个严重的问题。如果不同部门的数据无法一致，企业可能就会在决策时缺乏全面的信息，从而导致决策的不准确或不完整。

5. 数据质量管理的挑战

数据不一致性也会增加数据质量管理的难度。企业需要投入更多资源来监控和纠正不一致性数据，以确保财务信息的准确性。这可能包括数据清洗、数据整合和数据验证等过程，从而会增加企业的工作量和成本。

（四）难以应对复杂业务

现有的核算方法往往是基于传统业务模式设计的，难以适应现代商业环境中多样化和复杂化的业务需求。新兴的交易模式、创新的业务模型可能无法被传统方法完全覆盖，导致核算方法的适应性不足。这使得企业在应对不断变化的市场和业务时，难以灵活调整核算流程，可能导致信息不全面甚至错误。

1. 传统核算方法的刚性

现有的核算方法往往是基于传统的业务模式和交易流程设计的，其灵活性有限。这些方法在设计之初可能无法考虑到未来业务的多样性和复杂性，导致其在应对新兴交易模式和创新业务模型时表现出刚性。例如，传统核算方法可能无法适应虚拟货币、区块链等新兴金融技术的应用，从而无法准确核算这些交易的财务影响。

2.业务多样性的挑战

随着市场的不断变化和创新的涌现，企业的业务模式和产品种类变得越来越多样化。这种多样性可能涉及不同的收入来源、成本结构和交易方式，传统核算方法可能无法灵活应对这种复杂的业务环境。企业可能需要频繁地调整核算流程，以适应不同类型的业务，从而会增加核算的复杂性和难度。

3.信息不全面和错误的风险

由于传统核算方法难以应对复杂业务，企业在核算过程中可能会遇到信息不全面的问题。某些业务可能被忽略或错误地处理，从而导致财务信息的不准确性。特别是当核算流程需要手动调整以适应新业务时，人为因素可能就会导致数据录入错误，进而影响财务报告的准确性。

4.不完整的绩效评估

复杂业务的核算难度可能导致企业在绩效评估方面遇到挑战。如果无法准确核算某些业务的财务影响，企业可能就会无法全面评估这些业务的盈利能力和风险水平。这可能影响企业的决策，使其在资源分配和战略制定方面缺乏全面信息支持。

5.技术创新的推动

难以应对复杂业务也推动了创新的需求。企业可能需要寻求新的核算方法和技术来解决复杂业务带来的问题。例如，引入人工智能、大数据分析等技术，可以帮助企业更好地应对复杂业务，提高核算的准确性和效率。

现有的会计核算方法存在着复杂性、时效性不足、数据不一致性和难以应对复杂业务等痛点与不足。这些问题不仅影响了财务信息的准确性和时效性，还制约了企业在竞争激烈的市场环境中做出迅速、准确的决策。因此，寻求创新的会计核算方法以弥补这些不足成为当务之急。

二、新方法对准确核算的改善效果

引入创新的会计核算方法和流程可以显著改善财务信息的准确性、时效性和可靠性，从而更好地支持企业的决策和管理。

（一）自动化流程

新方法的引入可以借助自动化技术，从数据收集到报表生成，实现整个核算流程的自动化和智能化。自动化流程可以减少手工操作的介入，降低人为错误的风险，提高数据核算的准确性。通过自动化，核算数据可以在更短的时间内被处理和汇总，从而可以加快核算的速度，为企业提供更及时的财务信息。

1.自动数据收集与整合

新方法的核心是利用自动化技术实现核算流程的自动化。在数据收集阶段，企业可以利用数据采集工具和系统，将各种业务数据自动从不同来源收集并整合。这可以消除手工数据录入的烦琐，减少数据输入错误的风险。自动数据整合还可以确保数据的一致性和完整性，从而提高核算结果的准确性。

2.智能化处理与计算

在数据收集后，新方法利用智能化技术对数据进行处理和计算。通过预设的算法和规则，系统可以自动执行核算计算，如成本计算、收入分析、利润核算等。这不仅可以减少手动计算的时间和错误，还可以确保核算过程的一致性和准确性。智能化处理还能够识别异常数据，帮助企业快速发现问题。

3.自动生成报表与分析

新方法能够自动生成财务报表和分析结果。一旦核算数据经过处理和计算，系统就可以根据预设的模板和规则自动生成各类财务报表，如资产负债表、利润表、现金流量表等。这不仅可以提高报表生成的效率，还可以减少手工编制报表时可能出现的错误。同时，系统还可以进行基本的数据分析，为管理者提供更直观的洞察。

4.提高时效性和反应速度

自动化流程使核算能够实现更高的时效性和反应速度。由于大部分数据核算步骤都是自动完成的，整个流程可以在较短的时间内完成。这意味着企业可以更快地获得最新的财务信息，及时了解企业的经营状况，做出及时的决策。特别是在快速变化的商业环境中，时效性对企业的竞争力至关重要。

5.风险管理与合规性

通过自动化流程，企业可以更好地管理风险和确保合规性。自动化流程的规则和算法可以确保核算过程的一致性和准确性，减少人为错误的风险。同时，自动化流程可以建立审计追溯机制，记录每一步的操作和计算过程，方便审计和合规性检查。

通过自动化的数据收集、处理、报表生成等环节，不仅可以提高核算的准确性和效率，还可以加强风险管理和合规性。这使得企业能够更好地应对日益复杂和多变的商业环境，为管理决策提供更可靠的支持。

（二）实时数据处理

新方法可以带来对实时数据的处理能力，使得企业能够及时获取、处理和分析最新的业务数据。相较传统方法的周期性核算，实时数据处理大大提高了财务信息的时效性。管理者可以随时了解企业的财务状况，及时发现问题和机会，从而更好地指导决策和规划。

1.即时性的经济洞察

新方法引入的实时数据处理使企业能够即时获取最新的经济信息，包括销售数据、成本信息、利润水平等。这种及时性的经济洞察使管理者能够更快地对企业的经营状况进行分析和评估。例如，在季末或年末，企业可以迅速获取到当期销售和利润情况，有助于其做出有针对性的战略调整。

2.快速问题识别与应对

实时数据处理使企业能够更迅速地发现问题和异常情况。一旦出现销售下滑、成本异常增加等情况，系统就可以立即生成警报，提醒管理者关注和采取行动。这种快速的问题识别与应对有助于防止问题扩大化，保护企业的利益。

3.敏捷决策支持

在现代商业环境中，决策的迅速性至关重要。实时数据处理可以为管理者提供更多的决策信息，使其能够更准确地评估不同决策的潜在影响。例如，在制定市场推广策略时，管理者可以基于实时销售数据判断哪些产品在特定市场最受欢迎，从而做出更明智的决策。

4.支持战略调整

商业环境的变化需要企业不断调整战略。实时数据处理可以帮助企业更好地了解市场趋势和竞争动态，从而灵活地调整战略。管理者可以根据实时销售数据判断哪些产品或服务受欢迎程度较高，从而投入更多资源进行推广和生产。

5.监控绩效与目标达成

实时数据处理使企业能够更有效地监控绩效和目标达成情况。管理者可以随时了解销售、利润、成本等关键指标的实际情况，与预期目标进行比较。这有助于识别哪些领域需要改进，从而更好地实现战略目标。

6.应对市场快速变化

现代市场的快速变化要求企业能够迅速做出调整。实时数据处理使企业能够更敏锐地捕捉市场变化，例如顾客购买习惯的变化、竞争对手的新举措等。这有助于企业更快地调整供应链、市场推广等策略，以适应市场需求的变化。

实时数据处理的引入使得企业能够更迅速地获取、分析和应用最新的经济数据。这有助于管理者更好地洞察企业的经营状况，及时发现问题和机会，并做出敏捷的决策。在竞争激烈的商业环境中，实时数据处理成为提升企业竞争力的重要手段之一。

（三）一致性和准确性

通过新方法的引入，可以实现数据的一致性和准确性。新方法往往借助统一的数据源和标准化的核算流程，避免了不同部门之间数据不一致的问题。数据从源头到报表的整个流程都经过系统的记录和验证，降低了数据录入和整合过程中出现错误的可能性，从而提高了核算结果的准确性。

1.数据一致性的保障

新方法的关键之一是通过统一的数据源和标准化的核算流程，保障了数据在不同环节之间的一致性。传统核算方法中，不同部门可能使用不同的数据源、计算方式或者定义，导致数据在流程中传递和整合时出现不一致性。新方法的标准化流程可以避免这些问题，确保了数据从源头到报表的一致性，从而为企业提供更准确的财务信息。

2.准确性的提升

新方法引入自动化和智能化的技术，降低了手工操作的介入，从而可以减少人为错误的风险，提高核算的准确性。数据在系统中的自动处理和计算，减少了因人为疏忽或错误而产生的偏差。同时，新方法的自动校验和验证功能可以在数据输入阶段及时发现问题，从根本上提升了数据的准确性。

3.信息决策的可靠基础

一致性和准确性是决策制定的基础。企业的管理者在制定战略、规划预算等决策时，需要依赖于准确的财务信息。通过新方法保障的一致性和准确性，可以确保决策者基于正确的数据进行决策，从而降低错误决策带来的风险。

4.合规性与审计的支持

准确地财务信息对合规性和审计的要求至关重要。新方法引入的标准化流程和自动化处理可以为企业提供可追溯的财务数据，支持外部审计的进行。同时一致性的数据源和流程也有助于企业满足法规和准则的要求，降低合规风险。

5.信任的构建

一致性和准确性是信任的基础。准确的财务信息能够树立企业的信誉，增强投资者、合作伙伴以及其他利益相关者对企业的信任。信任的构建有助于企业在市场中树立良好的声誉，从而支持长期的可持续发展。

通过新方法实现的数据一致性和准确性，为企业提供更可靠的财务信息，为决策制定、合规性、审计以及信任的构建提供坚实的基础。这些特点使得企业能够更好地应对挑战，实现稳健的经营和发展。

（四）灵活适应

新方法具有更高的灵活性，能够更好地适应不同类型的业务需求。新型业务模式和交易方式可能需要不同的核算处理，新方法可以根据不同的交易和业务模式进行定制化的核算处理。这种灵活性使得企业能够更好地应对多样化的业务挑战，保证核算的准确性和适用性。

1.定制化核算处理

新方法的灵活性在于其能够根据不同类型的业务需求进行定制化的核算处理。传统核算方法往往是基于固定的规则和流程设计的，难以灵活应对多样化的业务情况。新方法可以根据不同的交易类型、业务模式以及市场变化进行灵活调整，从而确保核算方法的准确性和适用性。

2.支持创新业务模式

随着商业环境的不断演变，新的业务模式和交易方式不断涌现。这些创新业务模式可能在核算处理方面存在挑战，传统核算方法可能无法完全覆盖。新方法的灵活性允许企业根据创新业务模式的特点进行相应的调整和改进，确保财务信息的准确性。

3.提高核算的精细度

灵活性还可以帮助企业实现更精细化的核算处理。企业往往需要针对不同的产品、项目或者地区进行精细化的核算，以便更好地了解其盈利能力和成本结构。新方法可以根据业务的特点进行定制化的核算处理，从而提供更准确的财务信息，为决策提供更有力的支持。

4.快速适应市场变化

商业环境的变化可能对企业的业务模式和交易方式产生影响。新方法的灵活性使得企业能够更快速地调整核算流程，以适应市场的变化。这种快速响应能力可以帮助企业更好地把握机遇，降低风险，实现持续的竞争优势。

5.提升综合竞争力

通过在核算处理方面灵活适应多样化的业务需求，企业能够更好地满足客户的个性化需求，提供更具竞争力的产品和服务。这有助于企业在市场中取得更大的份额，提升综合竞争力。同时，灵活适应也使得企业能够更好地控制成本、提高效率，从而在市场竞争中占据有利地位。

（五）数据分析和预测

新方法不仅仅局限于数据的记录和整理，还可以与数据分析和预测技术结合。通过对核酸数据的深入分析，企业可以获得更多的洞察，发现趋势和模式，从而更好地预测未来的发展。这种数据驱动的分析和预测为企业的决策制定提供了更为科学的支持，帮助企业作出更精准的战略规划。

1.数据驱动的决策

新方法的应用使得企业可以更深入地分析核酸数据，揭示隐藏在数据背后的模式和趋势。通过数据分析，企业能够从大量数据中提取有价值的信息，为决策者提供更多的参考和支持。这种数据驱动的决策可以帮助企业更准确地洞察市场动态、竞争态势和客户需求，从而做出更具前瞻性的决策。

2.趋势分析与预测

数据分析与预测技术可以帮助企业发现趋势并进行未来的预测。通过对历史数据的分析，企业可以识别出某种模式的演变趋势，从而预测未来可能的发展方向。这种趋势分析和预测对企业制定战略和规划业务活动具有重要意义，可以帮助企业更好地应对市场的变化。

3.风险管理与预警

数据分析可以帮助企业识别潜在的风险并提前进行预警。通过对核酸数据的分析，企业可以发现异常情况和异常交易，及时采取措施进行干预和调整。这种风险管理与预警机制可以降低企业面临的风险，保护企业的财务安全。

4.资源优化与效率提升

通过数据分析，企业可以更好地了解资源的利用情况，发现资源浪费和低效率的问题。基于数据的洞察，企业可以进行资源的优化配置，提高资源的利用效率，降低成本。数据分析还可以帮助企业识别业务流程中的瓶颈，进行优化，从而提升整体运营效率。

5.市场洞察与创新

数据分析不仅可以分析内部的核算数据，还可以结合外部数据进行市场洞察。通过对市场趋势、竞争态势和消费者行为的分析，企业可以发现新的商机和创新点。这种市场洞察与创新能力可以帮助企业更好地把握市场机会，推动业务的创新发展。

通过引入创新的会计核算方法和流程，企业可以克服传统核算方法的不足，实现财务信息的准确、及时和可靠，为企业的发展和管理提供更强有力的支持。这些创新方法不仅可以提高财务核算的效率，还可以为企业提供更多的决策参考和战略指导，进而推动企业实现持续增长和竞争优势。

第二节　自动化与数字化在财务会计中的应用

一、自动化流程对减少错误的影响

（一）减少人为错误

自动化流程在财务会计中的应用可以显著减少人为错误的发生。传统的手工操作容易造成数据录入错误、计算错误以及遗漏等问题，从而影响财务信息的准确性。自动化流程通过将数据处理的步骤交给计算机系统完成，可以降低人为操作的介入，从根本上减少人为错误的风险。

1.数据录入准确性的提升

自动化流程的应用能够显著提升数据录入的准确性。传统的手工数据录入容易受到人为疏忽、分心和疲劳的影响，从而导致错误的发生。自动化流程通过将数据从源头自动导入系统，可以减少数据以纸质或其他非数字化形式录入的环节，降低数据录入错误的可能性。

2.计算过程的精确性

财务会计涉及大量的数据计算，包括金额、百分比、汇率等。传统的手动计算容易出现计算错误，特别是在复杂的核算过程中。自动化流程使用预先设定的算法和公式进行计算，可以减少计算错误的发生，从而保障财务信息的准确性。

3.数据匹配和核对的自动化

自动化流程可以实现数据的自动匹配和核对，从而降低了数据核对环节中错误的发生。系统可以自动比对不同数据源中的数据，发现不匹配或错误的地方，并提供警示或自动纠正。这种自动化的核对过程大大提高了数据的准确性和一致性。

4.自动审计与异常检测

自动化流程可以设定自动审计和异常检测机制，及时发现数据异常和错误。一旦系统检测到不符合规则的数据或异常情况，就可以自动触发警报或暂停流程，以便人员进行进一步的核实和修正。这种自动化的异常检测有助于及早发现并解决错误，保障财务信息的准确性。

5.系统的数据验证与校验

自动化流程可以引入系统的数据验证和校验机制，确保数据的合法性和一致性。系统可以根据预设的规则进行数据的逻辑验证，如检查金额是否符合规定范围、日期是否正确等。这种自动化的数据验证可以有效减少人为错误的发生。

6.操作日志和追踪功能

自动化流程会生成详细的操作日志，记录每一步的操作和处理过程。这些操作日志可以作为审核的依据，追踪数据处理的每一个环节。如果出现错误，就可以通过操作日志快速定位和纠正，保障财务信息的准确性。

7.人为干预的减少

自动化流程可以减少人为操作的介入，从而降低人为干预所带来的风险。手动操作可能受到个人主观意识、疏忽或误解的影响，导致错误的发生。自动化流程在严格按照预设的规则执行，可以减少人为干预的机会，提高数据处理的可靠性。

（二）提高数据准确性

自动化流程在处理数据时能够保持一致性和准确性，避免了不同步骤中数据不一致的问题。计算机系统可以根据预先设定的规则进行数据的处理和计算，减少数据处理中出现错误的可能性。此外，自动化流程还可以自动进行数据的验证和匹配，确保数据的准确性。

1.保持数据一致性

自动化流程在处理数据时能够保持数据一致性，避免了不同步骤中数据不一致的问题。传统的手工操作可能导致数据在不同环节出现不一致，从而影响财务信息的准确性。自动化流程通过将数据从一个环节自动传递到另一个环节，确保数据的一致性和连续性，避免数据在传递过程中的错误。

2.规则化的数据处理和计算

计算机系统在自动化流程中可以根据预先设定的规则进行数据的处理和计算，从而可以降低人为错误的可能性。传统的手动计算容易受到人为疏忽或计算错误的影响，而自动化流程使用固定的计算公式和算法，可以减少计算错误的风险，提高数据的准确性。

3.自动化数据验证和匹配

自动化流程可以自动进行数据的验证和匹配，确保数据的准确性。系统可以设定规则和条件，对数据进行验证，判断其是否符合预期的标准。同时，系统可以自动比对不同数据源中的数据，发现不匹配或错误的地方，并提供警示或自动纠正。这种自动化的数据验证和匹配大大提高了数据的准确性和可信度。

4.减少人为因素的影响

自动化流程可以减少人为因素对数据准确性的影响。人工操作容易受到个人主观意识、疏忽和疲劳的影响，从而导致错误的发生。自动化流程在按照预设规则执行时，不受个人因素的影响，从而保证数据处理的客观性和准确性。

5.提高数据处理的效率

自动化流程可以快速处理大量数据，从而可以提高数据处理的效率。数据的自动传递、自动计算和自动验证可以减少烦琐的手动操作，加快数据处理的速度。快速的数据处理意味着数据能够更及时地被处理和分析，为决策提供了更强有力的支持。

6.避免重复性工作和重复录入

自动化流程避免了重复性工作和重复录入，从而可以减少数据处理中的错误。传统方法中，同样的数据可能需要在不同环节重复录入，增加了出错的机会。自动化流程中，数据只需在一处输入，然后自动传递和处理，降低重复录入带来的错误风险。

（三）完善的审计追踪

自动化流程在执行过程中会生成详细的操作日志，记录每一步的操作和处理过程。这为审计提供了更完善的追踪和监控手段。审计人员可以通过分析操作日志来跟踪数据的处理流程，确保核算过程的合规性和准确性。

1.生成详细的操作日志

自动化流程在执行过程中会生成详细的操作日志，记录了每一步操作和处理过程的关键信息。这些操作日志包括数据的输入、处理、计算、验证等各个环节的操作记录，以及时间戳、操作人员等相关信息。这种操作日志的生成是自动化流程的一个重要特点，它可以提供数据处理过程的全面记录，为审计追踪提供了重要的依据。

2.强化审计的追踪能力

自动化流程所生成的详细操作日志可以为审计提供更强大的追踪能力。审计人员可以根据操作日志逐步还原整个核算流程，了解每一步的操作细节。这使得审计人员能够深入了解数据的处理过程，发现潜在的问题和风险，确保核算过程的合规性和准确性。同时，操作日志也可以为审计提供查证的依据，可以验证数据的来源和处理路径，从而增强审计的可信度。

3.提高审计的效率和准确性

自动化流程生成的操作日志可以为审计提供更高效和准确的审计手段。传统的手工操作可能需要耗费大量时间和人力来收集和整理数据，然后进行审计。自动化流程生成的操作日志已经记录了所有的操作细节，审计人员只需分析操作日志即可了解整个数据处理过程，从而可以提高审计的效率和准确性。此外，操作日志也可以帮助审计人员更快速地定位问题，减少了审计过程中的盲点。

4.增强核算过程的透明度和可验证性

自动化流程生成的操作日志可以增强核算过程的透明度和可验证性。企业内部和外部的相关人员都可以访问操作日志，了解数据处理的每一个细节。这种透明度使得核算过程更加可信，可以被监管机构、投资者和其他利益相关者进行验证。同时，操作日志也可以被用作数据溯源的依据，追溯数据的来源和处理过程，增加了数据的可靠性和真实性。

5.强调内部控制和合规性

自动化流程生成的操作日志可以强调内部控制和合规性的重要性。操作日志记录了每一步操作的执行者、时间、内容等信息，可以帮助企业进行内部控制的监督和管理。通过分析操作日志，企业可以及时发现和纠正不当的操作行为，加强内部控制体系的建设。此外，操作日志的存在也鼓励企业遵循合规性要求，确保核算过程的合法性和规范性。

6. 减少审计风险

自动化流程生成的详细操作日志可以帮助企业降低审计风险。审计人员可以通过分析操作日志来判断核算过程是否符合法规要求和内部控制制度。这使得企业能够在审计前自我审视，及时发现和解决潜在的问题，减少审计的不确定性和风险。

（四）增强核算流程的可控性

自动化流程可以通过设置权限和审批流程来增强核算流程的可控性。只有经过授权的人员才能进行核酸数据的录入和操作，从而降低了潜在的风险。审批流程的引入可以确保核算数据的合规性，减少错误和违规的发生。

1. 设置权限管理

自动化流程在财务会计中的应用可以通过设置权限管理来增强核算流程的可控性。权限管理是指根据不同的角色和职责，对不同的人员分配不同的操作权限。只有经过授权的人员才能够进行核酸数据的录入、处理和审核等操作。这种权限管理的机制确保了核算流程的安全性和合规性。例如，核算数据的录入可能需要财务部门的人员进行，而核算审核可能需要高级管理人员的审批。通过权限管理，核算流程中的每一步操作都受到严格的控制，可以降低未经授权人员的干预风险，确保核算数据的可靠性和准确性。

2. 引入审批流程

自动化流程的另一个重要特点是引入审批流程，进一步增强了核算流程的可控性。审批流程是指在核算流程中引入一系列的审批节点，需要相应的人员对核算数据进行审核和批准。这种审批流程可以确保核算数据的合规性和准确性，避免错误和违规的发生。例如，在核算数据录入完成后，需要经过主管或财务总监的审核，确保数据的正确性和合法性。审批流程不仅可以增强核算流程的可控性，还可以为核算结果的准确性提供额外的保障。

3. 提升风险管理

自动化流程的可控性还有助于提升风险管理能力。通过设置权限和审批流程，企业可以更好地监控核算流程的每一步操作，及时发现潜在的风险和问题。如果出现异常情况或错误操作，审批流程就可以拦截并通知相关人员进行处理。这有助于防范内部欺诈、错误处理等风险，保护企业的财务安全。同时，审批流程也可以为核算流程的每一步操作留下审批记录，方便后续的追溯和调查，增强企业风险管理的能力。

4. 加强内部控制

自动化流程在财务会计中的应用也可以加强内部控制体系。权限管理和审批流程的引入使得核算流程更加规范和可控，有助于企业建立健全的内部控制制度。内部控制是指企业为达到业务目标，保护财务信息的可靠性和合法性，确保合规性而采取的一系列措施。通过自动化流程的可控性，企业能够更好地监管核算过程，强化内部控制，防范潜在的风险。

5. 提高核算流程的透明度

自动化流程的可控性有助于提高核算流程的透明度。权限管理和审批流程的设置使得核算流程的每一步操作都有明确的记录和审核，相关人员可以随时查阅操作日志了解核算流程的进展。这种透明度使得核算流程更加可信，可以被内外部的审计机构和监管机构进行验证，从而可以增强核算流程的可信度。

6.降低人为错误和欺诈风险

自动化流程的可控性可以有效降低人为错误和欺诈风险。通过权限管理，只有经过授权的人员才能够进行核算操作，可以减少未经授权人员的错误操作风险。审批流程的引入可以确保核算数据的审核和批准，可以防范不当操作和欺诈行为的发生。这使得核算流程更加可靠，减少企业在核算过程中可能面临的潜在风险。

二、数字化技术在数据处理中的价值

（一）高效数据收集与录入

数字化技术在财务会计中的应用可以极大地提高数据收集和录入的效率。传统的手工录入方式存在着烦琐、耗时和易出错的问题，而数字化技术通过自动化流程将数据从不同来源导入系统，大大减少了手工操作的负担。例如，通过扫描仪将纸质文件数字化，可以快速将大量的数据导入系统，减少了手动录入可能带来的错误。此外，数字化的数据收集可以与其他系统进行集成，实现数据的自动同步和更新，确保数据的一致性和准确性。

（二）数据的集中管理与存储

数字化技术使得财务数据可以以电子形式进行集中管理和存储，为财务会计提供了更高效的管理方式。通过电子文档管理系统，企业可以将各类财务数据、报表等文档进行统一存储和管理，降低了数据分散存储所带来的信息获取难题。这种集中存储不仅提高了数据的可访问性和检索效率，还使得数据备份、恢复和保护变得更加便捷，确保数据的安全性和可靠性。

（三）数据分析

数字化技术为财务数据的分析提供了更大的可能性，帮助企业从数据中获取更深入的信息。通过数据分析工具，企业可以对财务数据进行更精细的挖掘，发现潜在的业务模式、趋势和异常情况。这种数据驱动的分析能够为决策者提供更多的信息，帮助他们做出更具前瞻性和科学性的决策。例如，利用数字化技术，企业可以进行销售数据分析，识别产品的销售趋势，从而优化库存管理和供应链策略。

（四）实时数据更新与报告生成

数字化技术使得数据的更新和报告生成更加实时化，帮助企业更快速地做出决策。系统可以自动更新数据，确保报表的准确性和时效性。实时报表生成使得管理者可以随时查阅最新的财务信息，做出更快速、更有针对性的决策。这对迅速变化的商业环境非常重要，能够使企业更好地把握市场机遇和风险。

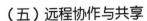

（五）远程协作与共享

数字化技术在财务会计中的应用促进了远程协作和数据共享。通过网络平台，不同部门和地点的员工可以共享数据和文档，实现协同工作。这种远程协作和共享使得团队成员能够更便捷地合作，提高工作效率。同时，数字化技术也加强了数据安全，通过权限设置和加密技术，保障了敏感数据在共享过程中的保密性。

第三节 区块链技术在财务会计中的潜在应用

一、区块链保障财务信息安全的原理

区块链的核心原理在于分布式的账本记录和加密算法的应用，这为财务信息的安全提供了有效的保障。

（一）分布式账本记录

区块链的分布式账本记录原理是其保障财务信息安全的关键基础。传统财务系统通常由中心化的数据库维护，容易成为攻击目标。区块链通过将账本分布到网络中的每个节点，消除了单点故障，降低了数据被篡改的可能性。每个节点都保存了完整的账本副本，任何数据的修改需要网络中多数节点的共识，因此，攻击者需要同时控制大多数节点才能篡改数据，降低了攻击的成功率。

（二）不可篡改性与哈希算法

区块链中的数据以区块的形式连接，每个区块都包含前一个区块的哈希值，形成了链式结构。这种机制使得一旦数据被记录，后续的区块就会依赖前一个区块的信息，任何一个区块的数据篡改将导致链条断裂，被其他节点拒绝。此外，每个区块的数据就会经过哈希算法进行加密处理，生成唯一的哈希值。一旦数据发生变化，哈希值就会迅速改变，从而被其他节点识别出数据的篡改。

（三）加密技术的应用

区块链中的数据传输和存储采用了加密技术，保障了数据在传输和存储过程中的安全性。数据在传输过程中被加密，只有拥有相应密钥的人才能解密和访问数据。这样的机制防止了中间人攻击和窃听。同时，数据在存储时也会被加密，即使系统遭受入侵，攻击者也无法轻易获得解密后的数据，保障了数据的隐私性。

（四）智能合约的安全性

智能合约是区块链的应用之一，通过预先编程的代码执行合同条款。智能合约的执行是不可篡改的，一旦部署在区块链上，就无法被更改。这为财务交易的安全性提供了保障，确保合同条款按照设定的规则执行，减少了争议和纠纷的可能性。

（五）隐私保护

区块链技术结合了隐私保护的机制。虽然区块链的账本是公开的，但通过加密技术，可以在保护隐私的前提下对数据进行验证。零知识证明等技术使得能够证明某一事实的真实性，而不必泄露实际数据。这在财务会计中可以平衡信息透明性和隐私保护的需求。

区块链保障财务信息安全的原理在于分布式账本记录、不可篡改性与哈希算法、加密技术的应用以及智能合约的安全性等方面。这些原理的相互结合使得区块链成为一种具有潜力的技术，为财务信息的安全性提供了创新性保障。

二、实际案例展示区块链在会计中的运用

区块链在财务会计领域的应用不仅停留在理论层面，已经有一些实际案例展示了其在提升效率、降低成本和增强透明度方面的潜力。

（一）供应链金融与应收账款管理

区块链可以改善供应链金融中的应收账款管理。传统的应收账款往往需要多个中介机构参与，导致时间成本和手续费增加。区块链可以建立一个透明、共享的账款信息数据库，实现供应链中各方的数据实时同步，提高数据准确性和透明度，从而加快应收账款的处理速度，降低风险。

1.区块链技术在供应链金融中的应用

（1）传统应收账款管理的挑战

传统的供应链金融中，应收账款管理面临诸多挑战。由于供应链涉及多个环节和参与方，应收账款的核实和结算通常需要多家中介机构的参与，导致时间成本较高，手续费增加，同时存在信息不对称和数据不透明的问题。这些问题限制了企业资金的流通速度和供应链的效率。

（2）区块链在应收账款管理中的优势

区块链技术可以显著改善供应链金融中的应收账款管理问题。以下是区块链在该领域的优势：

①透明共享的账款信息数据库

区块链可以建立一个透明、共享的账款信息数据库，将供应链中涉及的各方（如供应商、制造商、物流公司、银行等）连接在一个去中心化的网络中。每个交易都会被记录在区块链上，形成不可篡改的交易记录，任何参与方都可以实时查看这些信息，从而提高信息的透明度和可追溯性。

②实时数据同步与准确性

区块链技术使得供应链中各个环节的数据能够实时同步，每个参与方都能够获得最新的交易信息。这种实时数据同步可以消除信息不对称的问题，确保所有参与方都基于同一份准确数据进行决策，从而降低错误和纠纷的发生率。

财务会计理论与实践的创新研究

（3）智能合约的应用

区块链中的智能合约可以自动执行预设的合同条款。在供应链金融中，智能合约可以根据提前设定的条件自动触发应收账款的支付。例如，当货物到达目的地并被确认收货后，智能合约可以自动执行应收账款的支付，无须等待多个环节的人工核实和中介机构的介入。

2.实际案例展示区块链在应收账款管理中的运用

（1）TradeIX 和 Marco Polo

TradeIX 和 Marco Polo 是一个基于区块链的供应链金融平台，旨在改善全球供应链中的资金流动。该平台利用区块链技术建立了一个透明的数字化账款数据库，连接了供应链中的不同参与方。这使得企业能够实时查看应收账款的状态，加速了资金的流通，降低融资成本。

（2）IBM Food Trust

IBM Food Trust 是一个应用于食品供应链的区块链平台，旨在提高食品安全和透明度。该平台可以跟踪食品从农田到餐桌的整个供应链过程，记录每个环节的交易和信息。通过实时数据同步和透明度提高，供应链中的各方能够更快速地核实应收账款，降低风险和纠纷。

（3）We.Trade

We.Trade 是一个由欧洲多家银行共同推出的区块链供应链金融平台。它利用区块链技术建立了一个透明的交易平台，使得企业能够实时查看交易状态和应收账款信息。这样的透明度和实时性加快了交易的结算和资金的流通。

区块链技术在供应链金融中的应用，特别是在应收账款管理方面，为解决传统问题提供了创新的解决方案。通过建立透明、共享的账款信息数据库，实现实时数据同步和智能合约的应用，区块链技术能够加速应收账款的处理速度，降低风险，提高供应链的效率和可控性。实际案例如 TradeIX 和 Marco Polo、IBM Food Trust 以及 We.Trade 等进一步证明了区块链在应收账款管理中的潜力和价值。

（二）资产管理和溯源

区块链技术可以用于资产管理和溯源。企业可以将资产信息以区块链形式记录，确保其不被篡改，并实现资产的全生命周期跟踪。例如，区块链可以用于管理不动产的产权转移，使交易更加透明、高效，并减少中介环节。

1.资产管理的优势与挑战

区块链技术在资产管理领域具有许多潜在优势。首先，区块链可以建立一个分布式的资产数据库，所有参与方都可以访问和更新资产信息，从而提高数据的透明度和共享性。其次，由于区块链的不可篡改性，资产信息一旦被记录就无法修改，这有助于保护资产的真实性和完整性。最后，区块链可以实现资产信息的实时更新，使资产状态得以及时反映，为决策者提供准确的数据支持。

然而，引入区块链技术也面临一些挑战。技术成本和复杂性是企业采用区块链的主要考虑因素之一。建立区块链基础设施和维护所需的投入可能较高，尤其是对中小型企业而言。此外，区块链技术的应用也可能需要与现有的系统进行集成，涉及数据的迁移和业务流程的调整，这可能需要一定的时间和资源。

2.资产溯源的应用案例

区块链技术在资产溯源方面有广泛的应用。通过将产品信息以区块链形式记录，可以实现产品从原材料到最终产品的全过程跟踪。这对保障产品质量、确保安全性以及满足监管要求具有重要意义。以下是一些实际应用案例：

（1）食品安全溯源

区块链可以用于食品供应链中的溯源，记录食品从种植、加工、运输到销售的每一个环节。消费者可以通过扫描产品上的二维码获取详细的溯源信息，确保食品的质量和安全。

（2）奢侈品溯源

奢侈品行业可以利用区块链技术追踪产品的原材料和制造过程，保障产品的真实性和品质。购买者可以通过区块链平台查看产品的溯源信息，确保其购买的是正品。

（3）医药品溯源

在医药行业，区块链可以帮助追踪药品的生产、流通和销售过程。这有助于遏制药品假冒和劣质药品的流通，保护患者的安全和权益。

3.区块链技术带来的改变

引入区块链技术在资产管理和溯源领域带来了重要的变革。首先，区块链技术将数据的可信度和透明度提升到新的水平。由于数据一旦上链就无法被篡改，各方对资产信息的真实性和准确性更加有信心。其次，区块链技术可以减少中介环节，提高交易的效率。例如，在不动产交易中，区块链可以使买卖双方直接交易，减少中介机构的参与，降低交易成本。最后，区块链还可以促进数据共享和协作，使不同参与方之间更好地合作，实现更高效的资产管理和溯源过程。

随着区块链技术的不断发展，其在资产管理和溯源领域的应用前景广阔。未来，随着企业对区块链技术的深入理解和采用，更多的行业将会探索区块链在资产管理和溯源方面的创新应用。

（三）隐私保护和合规性

区块链可以结合加密技术，实现隐私保护和合规性。企业可以在区块链上记录交易，同时采用零知识证明等加密手段，确保交易的隐私性。这在财务会计中尤为重要，能够平衡信息透明度和隐私保护的需求。

1.隐私保护的挑战与解决方案

在区块链中，虽然数据的不可篡改性和透明性是其核心特点，但对某些交易和信息，隐私保护仍然是一个关键挑战。特别是在财务会计领域，涉及敏感财务信息的交易需要一定程度的隐私保护。然而，区块链上的所有交易都是公开可见的，这可能会引发隐私泄露的担忧。

解决这一问题的方法之一是采用加密技术，特别是零知识证明（Zero-Knowledge Proof）。零知识证明允许一方向另一方证明某个陈述的真实性，而不需要透露陈述的具体内容。这意味着可以在区块链上记录交易，同时保护交易的隐私。例如，在财务交易中，可以使用零知识证明来证明某笔交易的金额满足特定条件，而不必透露交易的具体细节。

2.合规性的实现与优势

在财务会计中，合规性是一个至关重要的问题。区块链技术可以帮助确保交易和财务信息的合规性。通过在区块链上记录交易，可以建立一个不可篡改的交易历史，这有助于监管机构对交易的审计和追踪。此外，区块链的透明性也使得企业能够更容易地满足报告和披露的要求。

在合规性方面，区块链还可以实现智能合约。智能合约是一种自动执行的合约，其中的规则和条件被编程到代码中。通过智能合约，企业可以确保交易在符合特定条件的情况下得到执行，从而降低合规风险。例如，在财务会计中，可以使用智能合约确保只有经过授权的人员能够访问特定的财务数据。

3.区块链中的隐私保护和合规性结合

区块链技术的独特之处在于，它可以实现信息的透明性和隐私保护的平衡。通过加密技术和零知识证明，区块链可以保护交易的隐私，同时确保交易的可验证性。在财务会计中，这意味着可以在确保敏感信息不被泄漏的情况下，实现财务交易的可追溯性和可审计性。

此外，区块链技术还可以为合规性提供更强大的工具。智能合约的自动执行能力可以确保交易的合规性，减少人为错误和违规的发生。同时，区块链的不可篡改性和透明性也有助于监管机构更好地监督和审计财务交易。

尽管区块链在隐私保护和合规性方面具有潜力，但仍然存在一些挑战。首先，加密技术和零知识证明的应用可能增加了交易的计算复杂性和成本。其次，如何在保护隐私的同时确保法规合规性也是一个复杂的问题。因为一些法规要求交易的某些信息必须被披露。

（四）审计与合同管理

区块链可提升审计的效率和可靠性。由于区块链数据无法被篡改，审计人员可以在区块链上追溯交易记录，减少了对企业数据的依赖性。此外，区块链还可用于合同管理，通过智能合约实现合同的自动执行和监督，提高合同履行的可信度。

1.区块链在审计中的作用

区块链技术为审计过程带来了显著的效率和可靠性提升。审计是确保财务信息准确性和合规性的重要手段，然而传统审计过程可能面临数据不一致、数据篡改等问题。区块链的不可篡改性和透明性为审计提供了更强大的工具。

首先，区块链中的交易记录无法被篡改，审计人员可以通过区块链上的数据追溯交易记录，无须完全依赖企业提供的数据。这大大减少了对企业数据真实性的依赖性，增加了审计结果的可信度。

其次，区块链可以建立一个透明的交易历史，所有参与方都可以在区块链上验证交易的发生和内容。审计人员可以在区块链上查看所有交易，确保财务信息的准确性和合规性。

2. 区块链在合同管理中的运用

合同管理是企业运营中至关重要的一环，而区块链技术可以提升合同管理的效率和可信度。区块链通过智能合约的方式，实现合同的自动执行、监督和验证，减少了人为干预和合同履行中的不确定性。

智能合约是一种自动执行的合约，其中的条件和规则被编程到代码中。在合同管理中，智能合约可以自动执行合同的各项条款，确保各方都按照合同约定履行义务。例如，当合同中规定某项条件满足时，智能合约可以自动触发支付。

此外，区块链技术还可以实现合同的监督和验证。合同的交易和执行都会被记录在区块链上，所有参与方都可以查看合同的状态和进展。这使得合同的履行过程更加透明，减少了纠纷和争议的可能性。

3. 案例展示区块链在审计与合同管理中的应用

一个具体的案例是供应链金融领域的应用。在供应链金融中，多个参与方涉及货物的交付、支付等环节，涉及大量的合同和交易。通过区块链技术，可以建立一个供应链金融平台，记录所有交易和合同，实现交易信息的实时共享和透明。智能合约可以自动监督货物的交付和支付，减少违约风险。

另一个案例是不动产交易的合同管理。在不动产交易中，涉及多方的合同和文件，容易出现信息不一致和纠纷。通过区块链技术，可以建立一个不动产交易平台，记录所有交易和合同，确保交易的真实性和合规性。智能合约可以自动执行产权转移和交付等过程，减少交易的复杂性和风险。

尽管区块链在审计和合同管理中具有许多优势，但面临一些挑战。首先，区块链的部署和整合可能需要一定的技术成本和时间。其次，如何确保智能合约的安全性和正确性也是一个问题，因为智能合约一旦部署，就难以修改。

区块链技术在财务会计中具有潜在的应用前景，能够保障财务信息的安全性，提高信息的透明度和可靠性。实际案例证明了区块链在提升效率、降低成本、增强透明度等方面的价值，然而，企业需要充分考虑技术成本、合规性和实际操作的可行性，以实现区块链在财务会计中的最大化价值。

第七章　财务会计跨界合作与创新

第一节　财务会计与其他领域的跨界合作

一、财务与市场营销领域的合作优势

财务和市场营销两个领域虽然看似在业务流程中独立运作，但它们之间的合作可以带来多重优势。这种合作有助于企业将财务数据与市场营销活动数据紧密结合，实现更好的业务决策和战略规划。

（一）财务数据可以为市场营销提供重要的支持和指导

财务数据作为企业运营的重要依据，在市场营销领域中具有重要的支持和指导作用。市场营销活动的规划和执行往往需要资金投入，财务数据的分析可以为市场营销决策提供理性的支持。

1.财务数据的角色和价值

财务数据作为企业经营的记录和衡量工具，对市场营销活动的规划和决策具有重要的支持作用。市场营销活动常常需要资金投入，而财务数据的分析可以为市场营销团队提供客观、理性的决策依据。财务数据涵盖了企业的收入、支出、利润等关键指标，这些指标可以反映企业的财务状况和经营绩效，可以为市场营销决策提供有力的数据支持。

2.成本效益分析与市场营销决策

市场营销活动涉及资源的分配和预算的分配，而财务数据可以帮助市场营销团队进行成本效益分析，评估不同策略的成本和效益。成本效益分析是决策者评估投资决策的重要工具，它能够清楚地展示不同策略的投入与回报之间的关系，帮助决策者选择最具经济效益的方案。

3.预期成本与潜在收益估算

财务数据不仅可以揭示实际发生的成本和收益，还可以用于预测和估算。在市场营销活动的规划阶段，财务团队可以根据过往的财务数据和经验，估算不同策略的预期成本和潜在收益。这些估算数据可以帮助市场营销团队在选择活动方案时，更好地权衡风险与回报，做出决策。

4.风险评估和预警

财务数据分析可以帮助市场营销团队识别潜在的风险因素。不同市场营销策略可能带

来不同的风险,而财务数据可以帮助市场营销团队识别可能影响活动成本和收益的风险。通过风险评估,市场营销团队可以在决策前做好风险规避和应对措施,降低风险对业绩的不利影响。

5.案例展示

以一家电子产品公司为例,该公司计划推出一款新产品,面临不同的市场营销策略选择。市场营销团队希望选择一个既能吸引目标客户群体,又能在成本控制下获得可观收益的策略。财务团队通过分析财务数据,计算了不同市场营销策略的预期成本、预计销售额以及预期利润。通过比较不同策略的成本效益,市场营销团队最终选择了一个在预期收益较高的同时,成本控制相对较低的策略。

财务数据与市场营销领域的合作不仅帮助市场营销团队在决策中获得准确的数据支持,更有助于实现成本效益分析、风险评估、预期收益估算等,从而选择最佳的市场营销策略。通过财务数据的合理应用,市场营销团队可以更加明智地进行决策,实现市场营销活动的有效规划与执行。

(二)市场营销活动的效果可以通过财务数据来衡量

市场营销活动的效果通常可以通过财务数据来衡量,这为市场营销与财务合作提供了重要的反馈机制。财务数据不仅仅是收入和支出的记录,更是市场营销活动影响的直接体现。通过分析财务指标如销售额、利润、毛利率等,市场营销团队可以了解不同市场营销活动对业绩的影响。例如,某一次促销活动是否带来了销售额的提升,某个产品推广是否增加了利润等。这种数据驱动的分析可以帮助市场营销团队了解哪些活动可以对业绩产生实质性影响,从而调整策略和资源分配。

1.财务数据反映市场营销活动的影响

市场营销活动的核心目标之一是推动销售增长和盈利能力提升。然而,市场营销活动的效果往往需要通过客观的数据来进行量化和评估。财务数据在这个过程中扮演着关键角色,因为它直接反映了市场营销活动对企业财务状况的影响。销售额、净利润、毛利率等财务指标不仅是企业经营绩效的衡量标准,同时是市场营销活动效果的重要体现。

2.财务数据分析与市场营销效果

市场营销活动的效果通常可以通过与财务数据的对比来进行衡量。通过将特定市场营销活动的时间段与相应的财务数据进行对比分析,可以更准确地了解市场营销活动对销售额、利润等的影响程度。例如,如果在某个季度进行了促销活动,市场营销团队就可以分析该季度的销售额是否相对增加,毛利率是否有所提高,以及相应的净利润是否有增长。

3.数据驱动的决策优势

财务数据作为客观的、量化的指标,可以为市场营销团队提供数据驱动的决策依据。通过对财务数据的分析,市场营销团队可以更好地理解不同市场营销策略的效果,从而做出更明智的决策。例如,如果某项市场营销活动的利润率明显高于其他活动,团队就可以倾向于加大对该活动的投入力度,以实现更好的经济效益。

4.预测与调整策略

财务数据的分析可以帮助市场营销团队进行预测和调整策略。通过历史数据的分析，市场营销团队可以预测不同市场营销活动未来可能产生的效果。这种预测有助于团队在活动规划中提前调整策略，以实现更好的业绩。

5.案例展示

一家零售企业计划进行夏季促销活动，以提高销售额。市场营销团队决定在夏季推出特定产品的折扣促销，并通过广告渠道进行宣传。在活动结束后，市场营销团队通过对财务数据的分析发现，销售额相较往年同期有明显增加，且毛利率并未明显下降。这表明促销活动取得了预期的成果，为企业带来了实质性的盈利增长。

财务数据在衡量市场营销活动效果方面具有不可替代的作用。通过与财务数据的对比分析，市场营销团队可以更准确地了解活动对销售额、利润等的影响，从而做出更明智的决策。财务数据的应用使市场营销活动的效果评估更加客观、科学，有助于企业优化策略、提升业绩。

（三）财务和市场营销合作可以帮助企业更好地了解客户需求

市场营销活动的成功与否往往取决于对客户需求的准确理解，而财务数据可以在这方面提供有价值的信息。财务数据不仅反映了销售额和利润，还可以揭示客户的消费习惯和趋势，为市场营销团队提供更全面的洞察。通过分析财务数据，企业可以了解哪些产品或服务受到客户欢迎，哪些销售渠道更具效益。例如，销售数据可以显示出不同产品的销售量和销售额，而地域和渠道的销售数据可以揭示消费者的购买偏好。这些数据可以帮助市场营销团队更准确地制定目标客户群体、调整产品定位以及制定更有针对性的营销策略。

1.财务数据揭示消费习惯和趋势

市场营销的核心在于满足客户的需求，因此了解客户的消费习惯和趋势至关重要。财务数据作为客户交易的记录，不仅仅反映了销售额和利润，还包含着深刻的消费者行为信息。通过对销售数据的分析，市场营销团队可以分析不同产品或服务在不同时间、地域和渠道的受欢迎程度，进而了解消费者的购买偏好、季节性需求以及地域特点。

2.数据分析揭示潜在机会

财务数据的数据分析可以揭示潜在的市场机会。通过分析购买者的购买组合和趋势，市场营销团队可以发现产品交叉销售的潜力，推动跨销售和附加销售。例如，一个餐饮企业可以通过分析消费者的点餐组合，发现某些特定菜品在一起点餐的概率较高，从而引导消费者尝试新的组合，增加销售额。

3.客户细分和定制化营销

财务数据的应用还可以支持客户细分和定制化营销。通过分析不同客户群体的购买行为和偏好，市场营销团队可以将客户细分为不同的群体，针对性地开展定制化营销活动。例如，一家零售企业可以通过分析客户购买历史，将客户分为偏好时尚服饰和喜欢户外运动的两个群体，然后分别推出相应的促销活动。

4.优化产品定位和创新

财务数据的分析还可以为产品定位和创新提供指导。通过了解消费者对不同产品的反应，市场营销团队可以判断哪些产品更受欢迎，哪些可能需要调整或淘汰。此外，客户的消费数据还可以为企业的新产品开发提供创新方向，使产品更符合市场需求。

5.案例展示

一家电子商务企业通过分析财务数据发现，某个特定地区的销售额较高且呈现持续增长趋势。经过进一步的调查，他们发现这个地区的消费者更偏好高科技产品，因此该企业加大了该地区的市场投入力度，推出了更多与科技相关的产品，从而取得了显著的销售增长。

财务数据在市场营销中的应用不仅有助于了解客户需求，还可以为客户细分、定制化营销、产品定位和创新提供有力支持。通过深入分析财务数据，市场营销团队可以更好地把握市场趋势、消费者喜好，从而制定更精准的市场营销策略，实现更好的业绩。

二、跨界合作促进用户需求的精准把握

跨界合作不仅在财务和市场营销领域中有优势，在整个企业运营中也具有重要价值。特别是在把握用户需求方面，跨界合作可以提供更全面、准确的信息，从而更好地满足客户的期待。

（一）不同领域的合作可以带来多维度的用户数据

不同领域的合作可以带来多维度的用户数据，这些数据可以协同分析，为企业提供更全面、准确的用户分析。以财务和市场营销两个领域为例，两者的数据交叉分析可以为企业揭示更多有关用户需求的信息。

1.财务数据揭示产品受欢迎度

财务数据可以展示不同产品或服务的销售额、销售数量以及毛利率等关键指标。这些指标可以揭示用户对不同产品的偏好，哪些产品更受欢迎，哪些产品销售较为疲软。例如，某款产品在销售数据中表现出色，这可能意味着该产品满足了用户的实际需求，或在市场中具有较强的竞争力。

2.市场营销数据揭示用户偏好和购买行为

市场营销数据则可以深入了解用户的偏好、购买行为和消费习惯。通过分析市场营销活动的效果，可以得知用户对不同促销手段的反馈，从而推断用户对价格、折扣等因素的敏感度。此外，用户在社交媒体上的互动和反馈也能提供关于产品和品牌的更多信息。

（二）跨界合作有助于识别用户需求的变化趋势

跨界合作在财务与市场营销领域的合作中，能够为企业提供多维度的数据，帮助识别用户需求的变化趋势。不同领域的数据交叉分析可以揭示用户需求的演变，有助于企业更敏锐地把握市场的变化，及时调整战略。

1. 不同领域数据的交叉分析

跨界合作使得来自不同领域的数据可以交叉分析，从而更全面地了解用户需求的变化趋势。财务数据可以反映产品销售情况、市场份额等，而市场营销数据则包括用户反馈、购买行为等。通过综合分析这些数据，企业可以获得更准确的市场洞察，捕捉用户需求的变化趋势。

2. 识别用户需求的变化趋势

跨界合作的数据分析可以帮助企业识别用户需求的变化趋势。例如，在某一阶段，财务数据显示某款产品的销售额下降，而市场营销数据则表明用户对该产品的关注度减弱。这可能意味着用户需求正在发生变化，企业可以根据这些迹象进行更深入的调查，了解用户的新需求或偏好。

（三）跨界合作还可以促进创新

跨界合作不仅有助于洞察用户需求的变化趋势，还可以促进创新。不同领域的专业知识和视角可以相互融合，为产品和服务的创新提供更多可能性，从而增强企业的竞争力。

1. 融合多领域知识促进创新

跨界合作不仅可以促进创新，还有助于更准确地把握用户需求。通过融合不同领域的知识，企业可以从多个角度了解用户的需求，从而更有针对性地开发产品和服务。

（1）跨领域知识的整合

财务和市场营销领域的合作可以将不同领域的知识和专业经验整合起来。财务数据可以提供产品销售的数量和利润等信息，而市场营销数据则揭示用户的喜好和行为。将这些数据综合分析，可以更全面地了解用户的需求和购买行为。

（2）用户需求的多维度把握

不同领域的合作可以帮助企业多维度地把握用户需求。例如，财务数据可能显示出某一产品的销售额下降，而市场营销数据可能显示出用户对新功能的需求增加。通过结合这些信息，企业可以开发出满足用户实际需求的创新产品。

（二）创新解决方案的开发

跨界合作不仅有助于把握用户需求，还可以促进创新解决方案的开发。不同领域的知识和专业经验相互交融，可以为产品和服务的创新提供更多可能性。

1. 数据驱动的创新

通过融合财务、市场营销等领域的数据，企业可以更深入地了解用户需求的变化趋势。例如，财务数据可能显示出某一产品的销售量下降，而市场营销数据可能显示出竞争对手推出了类似的新产品。基于这些数据，企业可以开发出更具创新性的产品，以重新吸引用户。

2. 解决复杂问题

跨界合作可以帮助企业解决复杂的问题。不同领域的专业知识可以相互补充，为解决特定问题提供多个角度的思考。例如，在推出新产品时，财务团队可以评估成本和预期利润，市场营销团队可以考虑用户喜好，研发团队可以提供技术可行性意见，综合这些意见可以制订出更全面的解决方案。

3. 创新文化的培养

跨界合作有助于培养创新文化。不同领域的专业人员可以交流和分享各自的经验和见解，促进思想的碰撞和创新的发展。这种文化可以激发团队的创造力，推动企业不断推陈出新。

（三）促进新产品的研发

跨界合作不仅可以促进创新，还能够推动新产品的研发。合作的不同领域可以共同分析市场趋势和用户需求，为研发团队提供有价值的指导和方向。

1. 数据支持的研发

财务和市场营销部门可以共同分析市场数据，揭示用户需求和行为的变化。例如，财务数据可能显示出某一领域的销售增长迅速，而市场营销数据则显示出用户对该领域的兴趣上升。基于这些数据，研发团队可以启动针对该领域的新产品研发计划，以满足市场需求。

2. 创新意念的汇聚

跨界合作可以汇聚来自不同领域的创新意念。不同团队的专业知识和视角可以相互启发，促进创新的发展。例如，财务团队可能会提出新的收益模型，市场营销团队可能会提出新的用户定位策略，这些概念可以结合起来，产生更具创新性的产品理念。

3. 加速研发周期

跨界合作有助于加速新产品研发的周期。不同领域的合作可以提供更多的资源和专业知识，帮助企业更快地从概念到实施阶段。例如，财务和市场营销团队的合作可以更迅速地确定哪些创新项目值得投入资源，从而节省时间和资源。

（四）加强团队协作和沟通

跨界合作有助于加强不同团队之间的协作和沟通。合作促使不同领域的团队进行频繁交流，从而更好地了解彼此的需求和挑战。这种交流可以消除沟通障碍，提高团队效率。

1. 跨领域团队的建立

跨界合作需要建立多领域的团队，使不同领域的专业人员共同参与。团队成员之间可以分享自己领域的知识，共同思考问题，并为创新和解决方案提供多维度的视角。

2. 沟通渠道的拓展

跨界合作可以拓展团队的沟通渠道。财务、市场营销、研发等团队之间的交流促使信息共享更加便捷，确保每个团队都能了解项目的进展和需要。

3. 协同工作的推动

不同领域的合作可以促进协同工作的推动。团队成员之间的交流和合作可以帮助解决问题，避免重复劳动，并提高工作效率。这有助于确保项目按时完成并取得成功。

跨界合作在财务与其他领域之间的合作中具有重要作用。财务数据可以为市场营销提供支持，衡量市场活动的效果，并促进新产品的研发。合作可以加强团队协作和沟通，推动创新，以及实现项目的成功落地。通过财务与其他领域的跨界合作，企业可以更好地把握用户需求，提高核算流程的可控性，实现全面的业务优化与创新。

第二节　创新合作模式的探讨

一、开放创新与产业链协同发展

（一）开放创新的概念与优势

开放创新是一种创新模式，强调企业与外部环境的合作和互动，以获取外部知识、技术和资源，从而加速创新的过程和优化创新的结果。在财务领域，开放创新的概念与优势具有重要意义，可以促进财务领域的创新和发展。

1.扩展创新能力

通过引入外部的专业知识和先进技术，企业可以充分利用外部的创新资源，从而扩展自身的创新能力。例如，在财务领域与金融科技公司合作，引入最新的支付和结算技术，可以提升财务流程的效率和安全性，实现更快速、更可靠的交易处理。

（1）引入外部专业知识

开放创新允许企业从不同领域引入专业知识。在财务领域，这意味着企业可以借助外部专家的知识，更好地理解市场趋势、风险管理策略等，从而在创新过程中做出更明智的决策。

（2）提升技术水平

与技术领域的合作可以提升企业的技术水平。财务领域需要涉及安全、隐私等技术方面的考量，与技术公司合作可以确保采用最新的技术手段来保护财务数据，提高数据处理效率。

2.降低研发成本

开放创新可以减少研发成本，通过与其他企业或组织共享研发费用和风险。在财务领域，财务创新通常需要大量的投入，与其他企业的合作可以分摊研发费用，减轻企业的负担。

（1）共享研发成本

不同企业可以共同投资研发项目，从而分摊研发费用，降低每个企业的研发投入。这有助于确保财务创新项目的可行性，减轻企业的财务风险。

（2）分担风险

财务创新可能伴随着一定的风险，与其他企业合作可以分担风险。通过合作伙伴共同承担风险，企业可以更大胆地尝试新的财务创新领域，从而推动创新的发展。

3.加速创新周期

开放创新可以加速创新周期，通过与合作伙伴的协同合作，企业可以更快地推进创新项目的开发和实施。

（1）快速迭代优势

与科技初创企业合作可以获得快速迭代的优势。在财务科技创新中，这意味着能够更迅速地测试和调整新的金融工具、应用和解决方案，使其更好地适应市场需求。

（2）跨界合作

与不同领域的企业合作可以跨足不同市场，借助合作伙伴的资源和经验，从而更快地将创新产品和服务推向市场，抢占市场先机。

4.提高竞争力

开放创新可以使企业保持敏捷性，更好地适应市场的快速变化，从而提高企业的竞争力。

（1）敏捷适应市场

财务创新的成功往往取决于其是否能够迅速适应市场需求的变化。开放创新使企业能够及时获取市场反馈，根据需求调整创新方向，增强竞争优势。

（2）推出创新产品与服务

通过与外部合作伙伴合作，企业能够更快地推出创新产品和服务，满足市场的多元化需求，从而在竞争激烈的市场中取得领先地位。

开放创新在财务领域的优势显而易见，它通过扩展创新能力、降低研发成本、加速创新周期以及提高竞争力，可以为企业创造更多的机会和潜力，推动财务领域的不断发展与创新。

（二）产业链协同发展的意义与方法

1.促进资源共享与互补

产业链协同发展强调不同环节企业之间的合作与互补，实现资源的共享与优化。在财务领域，这一合作模式的实施可以为整个产业链带来显著的意义与益处。

（1）资源共享

在财务领域的产业链上，企业可以共同利用金融数据、市场信息、风险评估模型等资源。通过信息共享，企业可以更准确地洞察市场趋势、客户需求等，从而更有针对性地进行财务创新和服务优化。

（2）资源互补

不同环节的企业拥有不同的专业领域知识和技能。通过合作，可以实现资源的互补。例如，金融科技公司可能拥有先进的技术能力，而传统金融机构则具备丰富的金融经验。通过合作，两者可以共同开发创新性的金融科技产品，提升整个产业链的竞争力。

2.优化信息流与资金流

产业链协同发展可以促进信息流和资金流的优化，为财务创新和发展创造更有利的环境。

（1）信息流优化

不同环节企业之间的协同合作有助于加强信息的共享与传递。例如，银行可以与企业合作，共同建立融资平台，将企业的财务状况和融资需求信息传递给投资者，实现更精准的融资匹配。

（2）资金流优化

产业链协同发展也可以优化资金的流动。通过合作，企业可以共同探讨融资方式、风险分担机制等，降低金融风险，从而为资金流提供更稳定的支持。这有助于确保财务创新的实施过程中不会受到资金短缺的制约。

3.创新服务模式与风险管理机制

产业链协同发展为企业创造了创新服务模式和风险管理机制的机会，以满足市场多元化的需求。

（1）创新服务模式

通过产业链合作，企业可以联合开发新的财务服务模式。例如，金融机构可以与电商平台合作，推出跨界金融产品，将金融服务与购物体验相结合，提供更为便捷和个性化的消费金融服务。

（2）风险管理机制

合作伙伴可以共同研发风险管理机制，降低不确定性，提高合作的稳定性。例如，在跨境贸易融资领域，不同国家的企业可以合作建立共同的风险评估体系，共享信用信息，降低违约风险。

4.增强竞争力与可持续发展

产业链协同发展有助于整合各环节企业的资源和能力，提高整个产业的竞争力和可持续发展能力。

（1）增强竞争力

合作可以使企业形成更强大的产业联盟，共同应对市场竞争和挑战。不同环节企业的合作有助于优化供应链、提升产品质量，从而在市场上赢得更大的份额。

（2）可持续发展

产业链协同发展促进资源的高效利用，减少浪费，有助于实现可持续发展目标。通过协同合作，企业可以共同关注环境、社会等可持续发展因素，为产业的长期发展奠定坚实基础。

产业链协同发展在财务领域具有重要意义，可以促进资源共享与互补，优化信息流与资金流，创新服务模式与风险管理机制，增强竞争力与可持续发展。通过合作与协同，企业可以在更广阔的合作网络中实现创新、增值和长期发展。

二、跨企业合作在财务创新中的实践

（一）合作平台的建立与共享

跨企业合作在财务创新中具有显著的实践价值，其核心在于建立合作平台，以整合多方的财务数据和资源，促进信息共享和协同分析，从而达到创新的目的。

1 合作平台的角色与重要性

合作平台在财务创新中扮演着关键的角色，它作为信息整合和协同的枢纽，促使不同企业之间实现资源的共享、数据的集成和知识的交流。传统上，企业往往面临信息孤岛的问题，各部门甚至不同企业之间的数据难以交流和共享。合作平台的建立可以打破这种壁垒，使得企业能够更加全面地了解市场、行业和客户的变化，从而更好地制定创新战略。

合作平台的重要性体现在以下几个方面：

（1）数据整合和共享

合作平台的一个主要功能是整合和共享数据。不同企业的财务数据、市场信息、客户数据等可以通过平台进行汇总和共享，形成更全面、准确的数据集。这可以为企业提供更好的数据基础，支持深入的数据分析和洞察，从而指导创新的决策。

（2）知识交流和协同创新

合作平台也鼓励企业之间的知识交流和协同创新。不同企业可以分享各自的经验、专业知识和创新理念，促进创新思想的碰撞和交流。这种跨界的知识交流有助于激发创新灵感，为财务领域的创新提供新的视角。

（3）前瞻性决策和战略制定

通过合作平台，企业可以更准确地获取市场信息和趋势，实现前瞻性决策和战略制定。凭借更全面的数据和洞察，企业可以更好地识别市场机会和风险，制定出更具有前瞻性的财务战略。这种基于数据的决策有助于企业更好地适应市场的变化，实现财务创新。

2 数据共享与协同分析的优势

（1）提供全面的数据基础

合作平台的建立可以提供更全面的数据基础，不同企业的数据可以通过平台汇总，从而形成更完整、准确的数据集。这可以为企业的数据分析提供更好的基础，使得企业能够更深入地了解市场和客户。

（2）实现数据的协同分析

合作平台的数据共享使得不同企业可以进行协同分析。企业可以利用整合的数据集，进行更深入、更广泛的数据分析，从而揭示隐藏在数据背后的规律和趋势。这种协同分析可以帮助企业更好地理解市场需求，指导创新活动。

（3）优化决策的依据

基于合作平台的数据共享和协同分析，企业可以制定更准确的决策。决策者可以依靠更全面的数据和洞察，减少主观判断的盲目性，从而使得决策更具科学性和可靠性。这有助于在财务创新中降低风险，提高成功率。

3 创新性财务战略的共同制定

（1）基于全面信息的决策

通过合作平台，企业可以基于更全面的市场信息和数据分析，制定更具创新性的财务战略。不同企业可以共同分享市场趋势、客户需求等信息，从而更好地把握未来发展方向，推动创新。

（2）针对市场机会的把握

合作平台使得企业能够更及时地把握市场机会。通过共享市场信息和竞争对手的动态，企业可以更敏锐地捕捉到市场的变化，及时调整财务战略，实现创新性地推出新产品或服务。例如，合作平台可以帮助企业迅速捕捉到市场上某一产品需求的增长趋势，从而迅速调整财务策略，增加对该产品的投资，实现市场份额的扩大。

（3）资源优化的合作

合作平台为企业提供了资源优化的机会。不同企业可以在平台上共同讨论和协商，将各自的资源进行整合和优化分配，从而提高资源的利用效率。例如，多家金融机构可以通过合作平台共同投资研发项目，减少研发成本，加快创新速度。

（二）智能合约的应用与风险共担

智能合约是区块链技术的一项重要应用，可以为跨企业合作提供自动化和去中心化的合作方式，同时也涉及风险的共担和管理。

1 智能合约的自动执行

（1）智能合约的定义与原理

智能合约是一种基于区块链技术的自动化合约，其在区块链上编码了预定的条件和操作，当满足条件时，合约中设定的操作会自动执行，从而实现自动化的交易和业务流程。在财务创新中，智能合约可以应用于多种场景，如资金划转、支付、结算等，为跨企业合作提供高效的合作方式。

（2）跨企业支付与智能合约

智能合约在跨企业支付中具有重要作用。多家企业可以通过智能合约实现自动化的资金划转和支付，无须人为干预。例如，多家供应链上的企业可以通过智能合约实现订单的自动支付，当特定条件满足时，智能合约自动将支付款项划转给供应商，从而加速交易的完成。

（3）优势与效率提升

智能合约的自动执行带来了许多优势。首先，它可以消除人为操作的中间环节，减少操作错误的风险。其次，智能合约可以实现实时的交易和资金划转，提高了交易的效率和速度。最后，智能合约的去中心化特性确保了合同的可信性和安全性，使交易各方更加信任交易过程。

2. 风险共担与风险管理

（1）风险共担的必要性

智能合约的应用涉及风险的共担和管理。由于多家企业共同参与智能合约，涉及的风险可能会影响合约的执行和交易的结果。因此，建立明确的风险共担机制是必要的，以保障各方的权益并防范潜在的风险。

（2）风险共担的方式

在智能合约中，风险共担可以通过多种方式实现。一种方式是将风险共担写入合约条款中，明确规定在特定情况下各方如何共同分担风险。另一种方式是采用多签名机制，只有多个参与方的授权才能执行合约操作，从而确保风险共担的决策是集体的。

（3）风险管理与智能合约设计

智能合约的设计需要考虑风险管理的因素。在财务创新中，合作伙伴需要共同评估合约中可能涉及的风险，并制定相应的风险管理策略。例如，在金融产品创新中，智能合约的设计应考虑市场波动和风险因素，确保合同在不同市场情况下能够适应。

（4）法律法规与合规性

智能合约的风险共担也需要符合相关的法律法规和合规性要求。合作伙伴在设计智能合约时，需要确保合约内容的合法性和合规性，遵循适用的法律法规，以免合同无效或引发法律纠纷。

智能合约作为一种自动化、去中心化的合作方式，在财务创新中具有重要意义。通过智能合约的应用，跨企业合作变得更加高效和可信，同时需要合作伙伴共同面对风险并制定风险共担机制。

（三）供应链金融与数字化支付的整合

跨企业合作可以在供应链金融和数字化支付方面为企业创新和财务优化提供支持。

1 供应链金融的合作平台

（1）中小企业的融资挑战

供应链金融合作平台的建立对中小企业的融资挑战具有积极意义。中小企业通常面临融资难、融资贵的问题，限制了其发展。通过合作平台，多家企业可以为供应链上的中小企业提供融资支持，帮助其解决资金短缺问题，推动供应链的稳定发展。

（2）平台的功能与优势

合作平台在供应链金融中具有丰富的功能。它可以提供融资申请、审批、放款等环节的数字化处理，加速融资流程。平台还可以整合多方数据，对供应链上的中小企业进行信用评估和风险分析，减少融资风险。通过数字化技术，平台能够实现资金的快速划转和结算，提高融资效率。

（3）创新融资模式

供应链金融合作平台可以推动创新的融资模式。例如，基于供应链数据的融资模式，可以根据供应链中各环节的数据和交易情况，为企业提供定制化的融资方案。这种模式能够更精准地评估融资风险，降低融资成本。

2.数字化支付的推动与创新

（1）数字化支付的重要性

数字化支付在现代财务创新中扮演着关键角色。合作伙伴可以共同推动数字化支付的发展，推出更多元化、便捷的支付方式，为消费者和企业提供更好的支付体验。

（2）创新支付方式的应用

合作伙伴可以共同创新支付方式，满足市场多样化的支付需求。例如，移动支付、虚拟货币支付、生物识别支付等新型支付方式的引入，将为用户提供更便捷、安全的支付方式。这种创新有助于提高支付效率，促进数字化支付的普及。

（3）支付的安全性与风险管理

数字化支付的发展需要关注支付的安全性和风险管理。合作伙伴可以共同研发支付安全技术，保障支付过程中的信息安全和资金安全。此外，风险共担机制也需要建立，以应对支付中的潜在风险，确保支付系统的稳定运行。

3.促进供应链的协同发展

（1）数据共享与供应链优化

合作伙伴可以通过共享供应链上的信息和数据，实现供应链的协同发展。通过合作平台汇集供应链中的信息，企业可以更准确地了解供应链的各个环节，优化物流、库存管理等，降低成本，提高效率。

（2）整合物流与支付

数字化支付的发展可以促进物流和支付的整合。合作伙伴可以共同开发物流与支付的一体化解决方案，实现货物流转和支付的同步处理。例如，通过支付平台实现货款和物流费用的一并支付，简化了交易流程，提升了物流效率。

通过建立供应链金融合作平台，企业可以共同支持中小企业的融资需求，提升供应链的稳定性。同时，数字化支付的创新和应用有助于提高支付的效率和安全性，促进消费者和企业间的交易活动。

跨企业合作在财务创新中具有巨大的潜力，可以通过合作平台的建立与共享、智能合约的应用与风险共担，以及供应链金融与数字化支付的整合等方式，实现资源的优化配置、创新的加速和风险的共担。这不仅有助于企业在竞争中保持敏捷性和创新性，还能够推动整个产业链的协同发展，实现可持续的增长和竞争优势的构建。因此，在财务创新的过程中，跨企业合作是一个不可忽视的重要因素，将为企业带来更多的机遇和成功。

第三节　跨功能团队在财务会计创新中的角色

一、不同领域专家在团队中的角色

（一）角色的多样性与专业性

跨功能团队在财务会计创新中的一个关键方面是汇集了不同领域的专家，每个专家都有其独特的角色。例如，财务专家能够提供会计准则、财务报告等方面的专业知识；市场营销专家能够为财务创新提供市场需求和趋势的信息；技术专家可以负责数字化技术的应用等。这种多样性的专业性为团队提供了全面的视角，有助于更好地解决复杂的问题。

1.财务专家的角色

财务专家在跨功能团队中扮演着关键的角色。他们了解财务会计的核心原则和规定，能够确保财务创新项目的合规性和透明度。财务专家可以为团队提供财务分析、预算规划等方面的专业建议，从而确保创新项目在财务工作中的可行性。

（1）确保合规性与透明度

财务专家了解财务会计的核心原则、法规和规定，他们的专业知识有助于确保团队在创新项目中遵循合规性要求。在跨功能合作中，涉及不同领域的知识，财务专家可以审查并提供意见，确保项目在财务方面的合规性和透明度。

（2）提供财务分析与预测

财务专家具备分析财务数据的能力，可以为团队提供关于项目财务可行性的分析和评估。他们可以运用财务分析工具和技术，评估项目的成本、收益、风险等因素，从而帮助团队做出明智的决策。

（3）预算规划与资源管理

在创新项目中，财务专家可以参与预算规划和资源管理。他们可以协助团队制定项目预算，合理分配资源，确保项目的财务可持续性。财务专家的参与可以帮助团队避免资源的浪费，最大限度地实现资源的利用价值。

（4）提供财务可行性建议

财务专家能够对创新项目的财务可行性提供有价值的建议。他们可以根据市场分析和财务数据，评估项目的投资回报率、盈利潜力和风险水平。这些建议有助于团队决策，选择对组织最有利的创新项目。

财务专家在跨功能团队中的角色远不止于财务数据的处理，他们的专业知识和技能在确保创新项目的财务可行性、合规性和透明度方面起着至关重要的作用。通过与其他领域的专家进行合作，他们能够为团队提供全面的财务支持，推动创新项目的成功实施。

2.市场营销专家的角色

市场营销专家的角色也十分重要。他们了解市场趋势、客户需求和竞争情况，可以为财务创新项目提供市场定位、目标客户群等方面的指导。市场营销专家的洞察力有助于确定创新项目的市场接受度和潜在收益。

（1）市场分析与趋势预测

市场营销专家熟悉市场的变化和趋势，他们可以对市场进行深入分析，了解客户需求、竞争状况以及行业趋势。在财务创新项目中，市场分析是至关重要的，可以帮助团队确定项目的市场定位，找到最有前景的切入点。

（2）客户洞察与需求识别

市场营销专家能够深入了解客户的心理和需求，从而为财务创新项目提供准确的客户洞察。他们可以通过市场调研、消费者访谈等方式获取客户反馈，为团队指引项目的设计和改进方向，确保项目能够满足市场的实际需求。

（3）市场定位与目标客户群确定

在财务创新项目中，市场营销专家可以帮助团队确定项目的市场定位和目标客户群。他们可以根据市场分析的结果，确定项目适合的市场细分和客户群体，从而有针对性地进行市场推广和宣传。

（4）竞争分析与差异化策略

市场营销专家可以进行竞争分析，了解竞争对手的优势和弱点。基于竞争分析结果，他们可以与团队合作制定差异化的市场营销策略，从而使创新项目在竞争激烈的市场中脱颖而出。

（5）品牌传播与市场推广

市场营销专家可以协助团队制定品牌传播和市场推广策略。他们可以根据项目特点和目标客户，选择合适的传播渠道和推广方法，提高项目的知名度和影响力。

（6）风险评估与市场接受度预测

市场营销专家可以帮助团队评估市场接受度和项目的风险。他们可以根据市场反馈和走势预测，判断项目是否符合市场需求，有助于团队做出更明智的决策。

（7）沟通与协作

市场营销专家在跨功能团队中担任与其他专家进行沟通和协作的角色。他们需要将市场洞察与客户需求传达给团队中的其他成员，确保项目在不同领域的专家之间得到充分的理解和支持。

市场营销专家在财务创新项目中发挥着不可或缺的作用，他们的市场洞察力和专业知识能够为团队提供关键的信息和指导，从而确保项目在市场上取得成功并获得持续增长。通过与其他领域专家的紧密合作，市场营销专家能够为项目的全面发展做出贡献。

3.技术专家的角色

在数字化时代，技术专家在财务创新中的作用愈发重要。他们了解先进的数字化技术，能够将技术创新与财务会计相结合，开发出数字化财务解决方案。技术专家还可以提供数据分析、人工智能等方面的支持，为财务创新增添科技驱动的力量。

（二）跨领域合作与创新

不同领域专家在跨功能团队中的合作有助于推动财务会计的创新。他们的不同视角和知识可以相互交融，产生新的创意和解决方案。例如，财务专家可以了解市场营销策略如何影响财务绩效，市场营销专家可以理解财务指标如何反映市场活动的效果，技术专家可以将数字化技术应用于财务报告的生成和分析。

1.促进跨学科创新

跨功能团队的合作促进了跨学科创新。不同领域专家的知识和经验相互融合，能够创造出更具前瞻性的解决方案。例如，技术专家可以借助大数据分析，预测市场趋势对财务业绩的影响，为财务决策提供更科学的依据。

2.问题解决的全面性

跨功能团队能够更全面地考虑问题，避免因为单一领域的视角而忽略关键因素。专家们的合作可以确保财务创新项目从多个角度进行评估，从而降低决策的风险。

（三）知识转移与团队学习

跨功能团队的合作有助于知识转移和团队学习。不同领域专家之间的知识交流可以促进知识的传递，使团队成员能够拓宽自己的知识领域。财务专家可以更了解市场营销和技术的基本概念，市场营销和技术专家也可以深入了解财务原则和会计规定。

1.跨领域知识的获取

专家在团队合作中有机会接触到其他领域的知识。这有助于提升专家的综合素养，使他们能够更全面地看待问题和解决问题。

（1）跨学科知识的整合

在跨功能团队中，不同领域的专家共同合作，有机会接触到其他领域的知识。这种知识的跨领域获取可以促进知识的交流和传递，拓宽团队成员的知识领域。例如，财务专家可以了解市场营销的基本概念，市场营销专家可以了解财务指标的意义，从而在合作中形成更全面的视角。

（2）跨领域知识的综合应用

获得其他领域知识后，专家可以将其与自身领域的知识相结合，形成综合性的解决方案。例如，技术专家通过了解财务报告的需求，可以开发出适用于财务数据分析的数字化工具，从而在跨领域合作中发挥出更大的创造力。

2.创新思维的培养

团队合作可以培养创新思维。专家在不同领域的交流中，能够学习到其他领域的解决问题的方法和策略，从而拓展自己的思维方式。

（1）跨领域思维的融合

团队合作有助于培养跨领域的创新思维。专家从不同领域获取的知识和经验能够相互融合，形成创新性的想法。例如，技术专家可以借鉴市场营销的市场调研方法，将其应用于财务数据分析的创新中，从而产生更具前瞻性的解决方案。

（2）跨领域方法的应用

通过学习其他领域的解决问题的方法，专家可以拓展自己的思维方式。市场营销领域强调顾客需求的满足，而财务领域注重成本效益。将这两种思维方式结合起来，可以在财务会计创新中找到平衡点，既保证财务的稳健性，又满足市场的需求。

二、沟通与协作在团队中的重要性

（一）沟通的关键作用

在跨功能团队中，成员来自不同领域，有着各自的专业术语和概念。因此，良好的沟通是团队成功的基础。沟通能够帮助团队成员理解彼此的观点和思维方式，减少误解和冲突。通过积极的沟通，团队可以更好地协同合作，达成一致的目标。

1.跨领域信息交流

在跨功能团队中，成员来自不同的领域，拥有不同的专业知识和经验。沟通在这里起到了桥梁的作用，将不同领域的知识整合起来，形成更全面、多维的解决方案。例如，在财务会计创新中，财务专家可以与技术专家合作，将数字化技术应用于财务报告的生成，从而提高报告的准确性和效率。

通过沟通，团队成员可以学习到其他领域的知识。这有助于提升团队成员的综合素养，使他们能够更全面地看待问题和解决问题。例如，财务专家可以从市场营销专家那里了解市场趋势如何影响财务绩效，从而在财务决策中更全面地考虑市场因素。

2.沟通技巧的培养

团队成员需要培养良好的沟通技巧。有效的沟通不仅包括清晰地表达自己的观点，还包括倾听他人的看法。通过倾听，团队成员可以更好地理解其他专家的需求和意见，从而更好地合作。

（1）清晰表达与倾听

有效的沟通需要团队成员具备清晰表达自己观点的能力，同时也需要具备倾听他人的能力。清晰表达可以避免信息传递的误解，而倾听则能够理解其他成员的需求和建议。例如，在讨论新的财务创新方案时，成员之间需要清晰地阐述自己的想法，同时需要认真倾听其他成员的意见，以达成共识。

（2）积极反馈与合作意愿

积极的沟通还包括给予积极地反馈和表达合作的意愿。团队成员应该鼓励彼此，认可他人的贡献，并愿意共同协作解决问题。例如，当一位成员提出了一个新的财务创新想法时，其他成员可以给予鼓励和建议，表达共同合作的意愿。

（二）协作的推动因素

协作是跨功能团队取得成功的关键因素。团队成员需要共同合作，共享资源、知识和经验，以实现共同的目标。协作能够促进团队成员之间的互补，从而提升团队整体的创新能力。

1.协同创新的优势

不同领域专家的协同合作能够促成创新的碰撞。他们可以结合各自的专业知识，创造出新颖的理念和解决方案。协同创新还可以减少"专业盲点"，在解决问题时更全面地考虑因素。

（1）跨领域碰撞的创新

跨功能团队中不同领域专家的协同合作，可以为创新带来独特的优势。不同领域的知识和经验交汇，产生了新颖的理念和解决方案。例如，在财务会计创新中，财务专家可以提出新的财务报告指标，而技术专家可以应用人工智能技术进行数据分析，从而为财务报告的生成提供更精准的数据支持。

（2）专业盲点的弥补

不同领域专家的合作有助于弥补"专业盲点"，即在解决问题时可能忽视的领域。例如，财务专家可能专注于财务指标的分析，而忽略了市场营销策略的影响；市场营销专家可能强调市场趋势，而忽略了财务可行性。通过协同合作，不同领域的专家可以更全面地考虑问题，减少遗漏。

2.任务分工与整合

团队成员虽然来自不同领域，但任务的分工和整合仍然至关重要。不同领域专家可以根据各自的专业特长承担不同的任务，然后将各自的成果整合在一起，形成综合性的创新方案。

（1）专业特长的发挥

不同领域专家可以根据各自的专业特长承担任务，从而充分发挥优势。财务专家可以负责财务数据分析，市场营销专家可以负责市场调研，技术专家可以负责数字化技术的应用等。这种任务分工使得团队能够在各个领域深入探索，形成更具深度的创新。

（2）成果的整合与协同

成员虽然来自不同领域，但最终需要将各自的成果整合成综合性的创新方案。这需要团队成员之间的协同努力，将各领域的成果有机地结合在一起，形成具有全局视角的创新解决方案。例如，在开发新的财务分析工具时，团队成员需要将财务数据分析与市场走势预测相结合，从而得出更具实际应用价值的工具。

第八章 财务会计创新与企业可持续发展

第一节 财务会计创新对企业可持续发展的影响

一、创新在经济效益上的影响

财务会计创新会对企业的经济效益产生深远影响，进而影响到企业的可持续发展。以下是财务创新对企业可持续性的发展的作用表现在以下几个方面：

（一）改善财务绩效

财务会计创新可以帮助企业改善财务绩效。通过引入新的会计方法和技术，企业可以更准确地估计收入和支出，实现财务数据的准确性和可靠性。这有助于企业更好地管理资源，优化资源配置，提高财务绩效水平。

1. 实现财务数据的准确性和可靠性

财务会计创新可以引入更先进的会计方法和技术，以实现财务数据的准确性和可靠性。新的会计准则和技术工具能够更精确地记录和呈现企业的财务状况，从而减少错误，为管理层和利益相关者提供更可信的信息。

2. 优化资源配置

通过财务会计创新，企业可以更精准地了解其财务状况，包括资产、负债、现金流等。这有助于企业更有效地配置资源，避免过度投入或资源浪费，提高资源利用效率，进而实现更好的经济效益。

3. 提升资金的流动性

财务会计创新可以改进企业的资金管理和预测能力，提升资金的流动性。通过更精准的财务数据分析，企业可以更好地预测资金需求，优化资金运作模式，确保资金的及时到位和合理利用，降低因资金不足导致的成本。

（二）创造新的商业模式

财务会计创新可以激发出新的商业模式。通过数字化技术和金融创新，企业可以开发出全新的商业模式，拓展业务领域，创造新的盈利机会。这有助于企业在市场中保持竞争优势。

1.拓展市场领域

财务会计创新可以为企业发掘新的市场领域和业务机会。通过对财务数据的深入分析，企业可以识别市场需求的变化和潜在的增长点，从而调整现有业务范围或开发新的产品和服务，实现市场份额的增加。

2.引入差异化策略

财务会计创新可以为企业带来差异化的竞争策略。通过深入了解财务数据，企业可以发现其在成本结构、利润率等方面的优势和劣势。基于这些信息，企业可以制定差异化策略，满足不同客户群体的需求，提供独特的价值，从而在市场中建立竞争优势。

3.创新的收益模式

财务会计创新可以帮助企业开发创新的收益模式。通过探索不同的定价策略、收费方式或付费模式，企业可以为客户提供更具吸引力和多样性的付费选择，从而创造额外的收入来源，提高经济效益。

（三）提高投资者信心

财务会计创新可以提高投资者对企业的信心。透明、准确的财务报表和数据可以增加投资者对企业的信任，吸引更多投资。这有助于企业获得融资或资本支持，推动业务发展。

1.提供透明的财务信息

财务会计创新可以使企业的财务信息更加透明和易于理解。新的会计方法和报告标准能够更清晰地呈现企业的财务状况和经营业绩，投资者可以更准确地了解企业的价值和潜力，从而更有信心地进行投资决策。

2.强化风险管理

财务会计创新可以帮助企业更好地识别和管理风险。通过更精细的风险评估和监控，企业可以及早发现潜在的风险因素，制定相应的风险应对策略。这有助于提高企业的抗风险能力，增强投资者对企业稳定性的信心。

3.增加财务报表的可靠性

财务会计创新可以提高财务报表的可靠性和准确性。这包括更严格的审计流程、更有效的内部控制机制等。投资者可以减少因信息不确定性而带来的投资风险。

4.吸引更多投资资金

由于财务会计创新所带来的财务透明度和可靠性，企业可能吸引更多的投资资金。投资者倾向将资金投入财务状况清晰、经营稳健的企业，由此投资者将为企业提供更多的资金支持，有助于推动企业的扩张和成长。

二、创新对社会责任履行的支持

财务会计创新会对企业的社会责任履行产生重要支持作用，从而影响企业的可持续发展。

（一）提高透明度和合规性

财务会计创新在企业社会责任履行方面的一个关键作用是提高企业的财务透明度和合规性。透明的财务报告能够向外界展示企业的财务状况、经营绩效以及资源使用情况，使利益相关者能够更准确地了解企业的运营情况。通过创新的会计方法和技术，企业可以更精确地记录和报告各项财务数据，减少信息不对称，提高信息的可靠性。此外，创新的财务数据分析工具还可以帮助企业更好地监测和控制财务活动，确保合规性经营，避免违规行为，维护企业的声誉。

1.提供准确的财务信息

财务会计创新可以通过引入更准确、高效的会计方法和技术，使财务数据更加准确地反映企业的经济活动和财务状况。例如，自动化会计系统、大数据分析等技术的应用可以降低数据错误率，减少数据录入和计算过程中的人为偏差，从而提高财务报表的准确性。这样的创新有助于减少因数据错误而产生的信息不对称，提高外部利益相关者对企业财务信息的信任度。

2.增强信息披露的广度和深度

财务会计创新可以拓展信息披露的广度和深度，使企业的财务报告更加详尽、全面。新的会计方法和指标，如环境成本核算、社会责任指标等，可以使财务报告更好地反映出企业在社会和环境层面的表现。此外，创新的数据可视化技术和报告格式还可以使财务信息更加易于理解，帮助投资者和其他利益相关者更好地了解企业的经营情况和价值创造过程。

3.强化内部控制和风险管理

财务会计创新可以加强内部控制和风险管理体系，确保财务活动的合规性。随着创新技术的应用，企业可以实施更严密的财务审计、风险评估等程序，及时发现和纠正潜在的错误。例如，采用人工智能技术可以对大量财务数据进行实时监测和分析，识别异常模式，帮助发现潜在的违规行为。这有助于防范金融欺诈、内部腐败等风险，维护企业的合法合规形象。

4.提升投资者信心与声誉

透明度和合规性的提升可以增强投资者的信心，并吸引更多投资流入。投资者更愿意投资那些信息披露完备、经营合规的企业，因为他们可以更准确地评估企业的价值和风险。这有助于企业获得更多融资和资本支持，推动企业的创新和可持续发展。同时，透明度和合规性的提升能够维护企业的声誉，树立企业的社会形象，为企业赢得广泛的尊重和认可。

通过引入先进的会计技术、信息披露方法和风险管理手段，企业能够更准确地传递财务信息，维护财务数据的可靠性，加强对内部控制的监督，增强投资者的信心，推动企业社会责任的履行，最终促进企业的可持续发展。

（二）支持环境可持续发展

财务会计创新在支持企业实现环境可持续发展目标方面发挥着重要作用。企业在创新财务会计实践中可以引入环境成本核算、生态足迹评估等方法，将环境影响纳入财务报告体系中。这不仅可以帮助企业更全面地认识其生产和经营活动对环境的影响，还能够为企业制定环保策略和目标提供数据支持。通过在财务报告中披露环境指标和绿色举措，企业可以向投资者和社会传递出其关注环境可持续发展的决心，推动绿色经济的发展。

1.引入环境成本核算

财务会计创新可以引入环境成本核算，将环境成本纳入企业的财务报告中。传统的会计方法往往未能充分考虑生产和经营活动对环境资源的消耗及环境污染的影响。通过创新的环境成本核算方法，企业可以更准确地衡量环境成本，如资源耗费、废物处理等，从而更全面地评估企业的经济效益和环境影响。

（1）环境成本分类与计量

环境成本可以分为内部成本（如环保设施维护成本）和外部成本（如环境治理成本）等。财务会计创新可以建立一套细分的环境成本分类体系，为不同类型的环境成本设定计量方法，使环境成本能够真实且准确地反映在财务报告中。

（2）环境成本与生产活动的关联分析

财务会计创新可以通过分析环境成本与企业生产活动之间的关联性，揭示环境成本在生产过程中的影响。这种分析有助于企业识别环境成本的主要来源，从而更有针对性地采取环保措施，降低环境成本。

2.整合环境数据与财务数据

财务会计创新可以实现环境数据与财务数据的整合，形成综合性的报告。企业可以将环境影响的数据与财务数据相结合，形成综合性的报告，展示企业在经济和环境方面的表现。这有助于外部利益相关者更好地了解企业在环境可持续发展方面的努力，为投资者、政府和公众提供全面的信息。

（1）制定综合性指标

为了综合评价企业的经济和环境表现，财务会计创新可以设计综合性指标，将环境数据与财务数据进行综合加权，形成一个衡量环境可持续性的综合指数。这有助于外部利益相关者更好地了解企业在环境方面的整体影响。

（2）制作可视化报告

通过将环境数据与财务数据整合，并采用可视化的方式呈现，如图表、图像等，财务会计创新可以更生动地展示企业在环境可持续发展方面的进展和成果。这样的报告不仅易于理解，还能够吸引更多关注。

3.生态足迹评估与环境指标披露

财务会计创新可以引入生态足迹评估，衡量企业在自然资源消耗方面的影响。生态足迹评估可以帮助企业衡量其生产和消费活动对生态系统的影响，从而指导企业采取相应的环保措施。同时，企业可以将环境指标纳入财务报告中，如碳排放量、能源消耗等，向外界透明披露其环保表现。

（1）生态足迹计算方法的选择

生态足迹计算方法需要根据企业的特点和业务类型进行选择。财务会计创新可以对不同的生态足迹计算方法进行比较，选择最适合企业的方法，以保证计算结果的准确性和可比性。

（2）环境指标披露的透明度

财务会计创新可以将企业的环境指标纳入财务报告，如碳排放量、能源消耗、水资源利用等。这些环境指标的披露增强了企业的透明度，让利益相关者更好地了解企业的环境表现，从而促进企业加大环保力度。

4.推动绿色金融和投资

财务会计创新可以促进绿色金融和投资的发展。随着环境问题的凸显，越来越多的投资者关注企业的环境表现。通过财务会计创新，企业可以证明其在环保方面的投入和成效，吸引更多绿色金融和投资流入。这将为企业带来更多融资渠道，推动环境可持续发展战略的实施。

（1）绿色资产的评估与披露

财务会计创新可以引入绿色资产评估，衡量企业的环保资产价值，如清洁能源设施、环保技术等。将这些资产价值纳入财务报告，有助于向投资者展示企业在绿色领域的投资价值。

（2）绿色债务和融资的支持

财务会计创新可以通过财务报告披露企业的绿色债务和融资情况，吸引绿色金融机构和投资者的关注。这为企业获得绿色融资带来更多机会，推动环境可持续发展战略的实施。

5.企业社会责任的体现

财务会计创新的环境信息披露体现了企业的社会责任。企业不仅仅是为了经济利益而存在，还要承担社会和环境责任。通过在财务报告中披露环境数据，企业向外界展示其在可持续发展方面的努力和承诺，树立企业的良好形象，增强其在社会中的影响力。

（1）企业形象的树立

通过在财务报告中披露环境数据，企业向外界展示了其在可持续发展方面的努力和承诺。这种披露有助于树立企业的社会形象，提升企业在公众心目中的形象和信誉。

（2）增强社会影响力

企业的社会责任不仅体现在经济效益上，还包括对环境的关注。通过财务会计创新的环境信息披露，企业增强了其在社会中的影响力。企业因此能够在社会层面上发挥更大的作用，推动其他企业更加关注环境可持续发展。

（3）鼓励行业合作与倡导

财务会计创新通过环境信息披露，鼓励企业在环境可持续发展方面积极合作。企业可以通过财务报告向外界展示与供应商、合作伙伴、利益相关者等共同推动环保计划的努力，从而促进整个产业链的绿色转型。

财务会计创新通过引入环境成本核算、整合环境数据与财务数据、生态足迹评估和环境指标披露等方法，为企业实现环境可持续发展提供了有力支持。这不仅有助于企业更好地了解和管理其环境影响方面的工作，还可以推动绿色经济的发展，满足社会对企业环境责任的期望，最终实现经济和社会的双重可持续发展。

（三）促进社会公平与多样性

财务会计创新有助于促进社会公平与多样性。通过创新的报告指标和方法，企业可以更好地衡量其在社会责任、员工福利、多元文化等方面的表现。例如，企业可以将员工培训和发展投入、多元化人员组成等因素纳入财务报告，展示其对员工权益和多元化组成的关注。这有助于鼓励企业在人力资源管理和社会责任履行方面的持续投入，提升社会公平性和多样性。

1.员工权益和福利的呈现

财务会计创新在促进企业社会公平与多样性方面发挥着重要作用。其中，将员工权益和福利纳入财务报告是一种重要的创新实践。企业作为社会的一员，应当关心员工的权益和福利，而财务会计可以通过以下方式体现：

（1）员工培训与发展投入的披露

财务会计创新可以将企业在员工培训和发展方面的投入纳入财务报告，从而呈现出企业对员工职业成长的关注。企业通过投资员工培训，提升员工的技能水平和专业素养，不仅有助于员工的个人发展，也会提升企业的综合竞争力。

（2）员工福利计划的执行情况披露

财务会计创新可以披露企业员工福利计划的执行情况，如医疗保险、福利补贴等。这些数据的透明呈现使利益相关者了解企业为员工提供的福利待遇，体现出企业关心员工健康和福祉的一面。

2.多元文化和包容性的体现

多元化和包容性是现代企业的重要价值观，财务会计创新可以通过以下方式体现企业在这方面的努力：

（1）多元化人员组成的报告

财务报告可以呈现企业内部的多元化人员组成情况，如不同国籍、性别、文化背景的员工比例。这有助于外界了解企业在多元化方面的表现，同时鼓励企业继续推动多元化发展。

（2）包容性政策的实施情况披露

企业的包容性政策，如反歧视政策、平等机会政策等，可以在财务报告中披露。这不仅展示了企业在促进员工平等和多样性方面的努力，还鼓励其他企业加强类似的政策实施。

3.社会责任和慈善活动的披露

财务会计创新可以通过将社会责任和慈善活动纳入财务报告，体现企业在社会公平与多样性方面的积极贡献：

（1）社会责任项目的财务化呈现

企业在社会责任方面的投入，如公益项目、社区支持等，可以通过财务数据进行呈现。这样的披露可以展示企业在社会责任领域的投入，体现出企业在公益事业中的角色。

（2）慈善捐款和社会项目支持的数据披露

财务会计创新可以将企业的慈善捐款、社会项目支持等纳入财务报告。这样的披露不仅可以增加企业的社会形象，也会鼓励其他企业参与到社会公益事业中。

4.激励企业的持续投入

通过财务会计创新，将社会公平和多样性方面的表现纳入财务报告，有助于激励企业在这些领域持续投入：

（1）对透明度的监督与鼓励

将社会公平和多样性方面的数据纳入财务报告，使这些领域的投入受到外界的监督。这种透明度鼓励企业在社会责任履行中更加诚信，促进其不断改进。

（2）长期战略的推动

通过财务报告的披露，将社会公平和多样性作为企业长期战略的一部分进行展示。这种展示不仅为企业的可持续发展注入动力，还有助于实现社会效益与企业价值的双重提升。

财务会计创新通过引入员工权益和福利、多元文化和包容性、社会责任和慈善活动等因素，可以促进企业在社会公平与多样性方面的发展。这不仅有助于外界更好地了解企业的社会责任履行情况，还可以鼓励企业在人力资源管理、社会公益和多元文化方面的持续投入，从而推动企业与社会共同发展的目标。

（四）鼓励长期价值创造

财务会计创新可以鼓励企业追求长期价值创造，而非短期盈利。传统的财务指标常常偏向于短期财务绩效，而创新的绩效评价方法可以更全面地考虑企业的社会影响、创新能力、长期投资等因素。通过引入这些因素，企业可以更好地平衡短期和长期目标，在财务创新的过程中注重可持续性的长远发展。这不仅有助于企业在竞争中保持长期优势，还能够体现企业的社会责任，为投资者和利益相关者创造更稳定的价值。

1.平衡短期和长期目标

在财务会计创新中，平衡企业短期盈利与长期价值创造是一个重要的方面。传统的财务指标往往偏向短期财务绩效，容易忽视长期投资和战略的影响。通过引入多维度的绩效评价指标，如长期投资回报率、创新投入、品牌价值等，财务会计创新可以更准确地衡量企业的长期价值创造能力。这样的创新能够引导企业在投资决策中更加注重长期影响，从而实现短期盈利和长期价值的平衡。

（1）长期投资回报率的引入

财务会计创新可以将长期投资回报率作为评价指标，鼓励企业在长期价值创造方面的投入。长期投资回报率可以考虑企业投资项目的长期效益，使企业能够更全面地评估投资的可行性和长远影响。这有助于企业避免过度追求短期回报而忽视长期发展。

（2）创新投入与研发成果的考量

创新是推动企业长期价值创造的核心动力。财务会计创新可以将创新投入与研发成果作为绩效评价的一部分。企业在创新领域的投入和创新成果可以更好地体现在财务报表中，为长期价值创造提供有力支持。

2.社会影响的计量与考虑

在财务会计创新中，将社会影响纳入绩效评价体系有助于鼓励企业更加关注社会责任。社会影响包括企业在环保、员工福利、社区发展等方面的积极贡献。通过引入社会影响的度量指标，财务会计创新可以使企业更加认识到其在社会可持续发展中的角色，激励企业在经营决策中考虑社会效益。

（1）社会责任项目的财务化呈现

财务会计创新可以将企业的社会责任项目以财务化呈现，将其纳入财务报表中。例如，环保投入的资金支出、员工培训的成本等可以以特定的方式记录在财务报表中，反映企业在社会责任方面的投入和成果。这样的创新可以为企业在社会可持续发展方面的努力提供可视化的证据。

（2）社会影响的定量分析

财务会计创新可以通过量化方法分析企业的社会影响，将其转化为具体的数字指标。例如，企业在减少碳排放、提升员工福利等方面的影响可以用特定的指标衡量，如碳减排量、员工满意度指数等。这样的创新方法可以使社会影响更加具体化，进而纳入财务绩效评价中。

3.创新能力的体现与鼓励

在财务会计创新中，强调创新能力的体现与鼓励有助于企业持续实现长期价值创造。创新能力是企业保持竞争优势、适应变化环境的关键要素，财务会计创新可以通过以下方式体现和鼓励创新能力：

（1）创新投入的跟踪和分析

财务会计创新可以引入创新投入的跟踪和分析，将企业在研发、技术创新等方面的支出纳入财务报表。这有助于准确衡量企业在创新领域的投入，可以体现出企业在持续创新方面的努力。

（2）创新成果的价值化呈现

创新成果的价值化呈现可以通过将新产品、新技术等创新成果与财务绩效联系起来。

企业可以将新产品销售收入、知识产权价值等纳入财务报表，展示创新对企业价值的贡献。这样的创新方法能够鼓励企业在创新过程中持续努力，为长期价值创造奠定基础。

（3）长期投资决策的考量

财务会计创新可以引导企业在长期投资决策中更加注重创新能力的发挥。通过将创新能力纳入财务绩效评价体系，企业在投资决策时会更加重视创新项目的潜在收益和长远影响。这样的创新方法可以鼓励企业不断探索新的市场机会和业务模式，实现长期价值的持续创造。

通过平衡短期和长期目标、考量社会影响、体现创新能力等方式，财务会计创新可以引导企业更加注重长期可持续发展，实现经济效益与社会责任的有机结合，为企业可持续发展注入新的动力。

财务会计创新对社会责任履行的支持是多方面的，包括提高透明度和合规性、支持环境可持续发展、促进社会公平与多样性以及鼓励长期价值创造。通过创新的财务会计实践，企业能够在获得经济效益的同时，更好地履行社会责任，推动社会可持续发展。这种创新不仅有助于企业赢得社会认可，还能够促进企业的长期稳定发展。

第二节　绿色财务会计与环境责任创新

一、环境会计信息对企业影响的评估

环境会计信息的引入将对企业经营和可持续发展战略产生影响，因此需要对其影响进行全面评估：

（一）环境会计信息的决策支持作用

引入环境会计信息可以提供更全面的企业运营情况，使管理层能够更准确地评估环境成本和环境效益。管理层可以根据这些信息调整生产计划、资源配置，进一步优化经营决策，提高资源利用效率。

1.数据驱动的决策

绿色财务会计信息的引入为企业决策提供了更为可靠的数据基础。在日常经营中，企业需要不断做出各种决策，涉及资源配置、生产计划、产品创新等方方面面。然而，如果只关注传统的财务数据，将很难全面了解企业的经营状况和环境影响。引入环境会计信息，则为企业提供了更准确、更全面的数据支持，使决策能够更加有效。

在资源配置方面，企业可以借助环境会计数据分析不同资源的环境成本，从而做出更明智的决策。例如，通过比较不同供应商的环境友好程度和交易价格，企业可以更具针对性地选择合作伙伴，实现资源的最优配置。此外，在生产流程中，环境会计信息还可以揭示出造成环境成本较高的环节，从而引导企业优化生产过程，降低环境成本。

2. 优化资源配置

绿色财务会计信息的引入促使企业更加关注资源的可持续利用，从而实现资源配置的优化。资源是企业发展的基础，如何在有限资源下实现经济效益和环境效益的双赢，是企业管理层面临的一项重要挑战。环境会计信息披露的数据可以提供有关资源利用的详细信息，使得管理层可以更精确地分析资源的成本和效益，从而更好地进行资源配置决策。例如，一家制造企业需要决定如何分配原材料，传统上可能只会考虑原材料的采购成本和生产效率。然而，引入环境会计信息后，企业可以更全面地评估不同原材料的环境成本，包括采集、加工、运输等各个环节产生的环境影响。这样的信息使得企业可以在资源配置时更加综合地权衡成本和环境影响，选择更环保、更经济的原材料。

3. 提高资源利用效率

环境会计信息的引入对提高企业的资源利用效率具有显著作用。资源浪费不仅会增加企业的经营成本，还会增加环境负担。通过分析环境会计数据，企业可以识别出资源浪费的环节和原因，从而采取相应的措施，提高资源利用效率。以能源消耗为例，企业可以通过环境会计数据分析不同生产环节的能源消耗情况，找出能源消耗较大的环节。然后，企业可以引入节能技术或改进生产工艺，减少能源的使用，在降低生产成本的同时也会降低环境成本。此外，企业还可以通过对废弃物处理成本的分析，找到降低废弃物产生量和处理成本的方法，从而实现资源的最大化利用。

4. 推动可持续发展战略

绿色财务会计信息的引入有助于企业更有效地推动可持续发展战略的制定和执行。可持续发展已经成为企业战略的重要组成部分，涵盖了经济、环境和社会三个方面的内容。环境会计信息的引入使得企业在制定可持续发展战略时能够更加准确地权衡经济利益与环境责任，从而实现长期的战略目标。

企业的可持续发展战略需要综合考虑多方面的因素，包括环境保护、社会责任和经济效益。通过环境会计信息的分析，企业可以更清晰地了解不同战略选择对环境和经济的影响，从而做出更为明智的决策。例如，企业在产品创新方面可以根据环境会计数据分析消耗资源和产生环境成本的情况，选择开发更加环保和资源节约型的产品，以实现可持续发展战略中的环保目标。

此外，环境会计信息还有助于企业更好地识别长远发展的机会和挑战。通过分析企业的环境绩效和环境成本，企业可以预测未来可能面临的环境法规变化、资源供应状况等风险，从而及早做好应对准备。同时，企业还可以借助环境会计信息评估自身在可持续发展领域的优势和劣势，为未来的战略调整提供依据。

（二）环境会计信息对业绩评价的影响

环境会计信息的引入可以使企业的业绩评价更全面客观。传统的财务指标往往难以反映环境责任履行的情况，而引入环境会计信息后，可以更准确地评价企业在环境方面的表现，为综合性的业绩评价提供数据支持。

1. 综合性能指标的引入

传统的财务指标常常无法全面反映企业在环境责任履行方面的表现。然而，引入环境会计信息后，企业可以构建一系列综合性能指标体系，将财务绩效与环境绩效相结合，从而形成更全面的绩效评价体系。这些指标可以包括财务绩效、环境成本、资源利用效率、废物减排等方面的数据，帮助企业更好地理解自身的综合表现。通过对不同维度的绩效指标进行综合分析，企业可以更准确地评价其在经济和环境方面的绩效，为业绩评价提供更全面的依据。

2. 环境效益的衡量

环境会计信息的引入有助于企业准确衡量其在环境保护和可持续发展方面的效益。传统的财务报表难以反映企业在资源利用、废物减排、能源消耗等方面的环境效益。通过环境会计数据，企业可以定量分析其在环境保护方面的成果。例如，企业可以计算出由于环保措施导致的资源节约量、废物减少量等数据，从而更客观地评价其在环境效益方面的表现。这样的数据支持可以使企业及时与利益相关者沟通，证明其在环保方面的实际成绩。

3. 风险与机会的评估

引入环境会计信息使得企业能够更好地评估与环境相关的风险和机会。环境风险可能对企业形象和财务稳定性造成不利影响，例如，环境违规可能导致法律诉讼或罚款。通过环境会计信息，企业可以更准确地识别、量化并应对这些风险，采取预防措施，减少潜在的风险影响。同时，环境会计信息有助于企业发现创新和市场机会，例如，环保技术的发展可能带来新的市场需求，提高企业的市场份额，从而促进业务增长。

4. 增强利益相关者信任

现代企业面临来自各方利益相关者的压力，而环境会计信息的披露可以增强利益相关者对企业的信任。通过建立综合性能评价体系，企业能够更好地展示其在环境责任履行方面的努力和取得的成果。这有助于提高利益相关者对企业的认同感，减少信息不对称，加强企业与利益相关者之间的互信关系。这种信任可以为企业带来更多的支持，包括投资者的投资、消费者的购买和员工的忠诚。

（三）环境会计信息与利益相关者的关系

环境会计信息的披露使得企业与各类利益相关者之间的沟通更加透明。环境会计信息可以为政府、环保组织、社会公众等提供有关企业环境表现的数据，增加企业与利益相关者之间的互信，降低潜在的环境风险。

1. 透明度与信任建立

环境会计信息的披露为企业与各类利益相关者之间的关系建立了更高的透明度和信任。透明度是企业与外部利益相关者之间建立信任的基础，而环境会计信息的披露使得企业的经营活动在环境层面更加清晰可见。政府、环保组织、社会公众等利益相关者能够更准确地了解企业的环境影响、资源利用情况以及环保投入。通过这种透明的信息披露，企业与利益相关者之间的合作关系得以加强，信任得以建立，有助于减少信息不对称，避免潜在的负面影响。

2.环境法规合规性的证明

环境会计信息的披露有助于企业证明其在环境法规合规性方面所做出的努力。现代社会对企业的环境合规要求越来越高，而环境会计信息可以为企业提供一个证明其合规性的途径。通过披露环境会计数据，企业可以清晰地展示其在环境法规遵循、环保责任履行等方面所做出的努力。这种证明不仅有助于企业维护其合法地位，还可以减轻政府监管的压力，增强与政府合作的基础。

3.社会责任的履行

环境会计信息的披露使得企业能够更积极地履行社会责任，特别是在环境保护方面。现代企业不仅仅是经济组织，还承担着社会和环境责任。社会公众对企业在环保和可持续发展方面所做出的努力越来越关注，而环境会计信息披露为企业在社会责任履行方面提供了一个平台。通过披露环境会计数据，企业可以向外界证明其在环境保护和可持续发展方面的承诺，体现其作为社会成员的责任感，提升其在社会中的声誉和影响力。

4.风险管理与预警作用

环境会计信息的披露在风险管理和预警方面具有重要作用。利益相关者通过对环境会计数据的分析，可以更好地评估企业所面临的环境风险。这些风险可能涉及环境法规的变化、环境事故的潜在风险等。通过及时的环境会计信息披露，企业可以帮助利益相关者更准确地了解企业的风险情况，从而促使企业在风险管理和预警方面更具前瞻性和主动性。这种合作可以帮助企业避免潜在的风险，降低不良事件的发生概率，维护企业的可持续发展。

（四）环境会计信息对企业声誉的影响

环境会计信息的引入直接会影响企业的社会声誉。企业通过积极披露环境会计信息，展示其在环保方面的努力，有助于树立企业的绿色形象，提高企业在社会中的信誉，进而吸引更多人才、合作伙伴和投资者。

1.环境形象的塑造

环境会计信息披露在塑造企业环境形象方面具有重要作用。企业在现代社会中不仅要求实现经济利益，还要承担社会责任，其中环保责任占据重要位置。通过环境会计信息的披露，企业能够向外界展示其在环保领域的投入和努力，如资源节约、废物处理、碳排放削减等方面的成果。这些信息将有助于塑造企业积极追求环境友好和可持续发展的形象，增强其在社会中的认可度和信誉。

2.增加消费者认同感

环境会计信息的披露可以在消费者中建立更强的认同感。现代消费者越来越关注企业的社会责任表现，包括环境保护方面的努力。通过透明披露环境会计数据，企业能够向消费者展示其在环保方面的投入和成果，证明其在生产和经营活动中考虑到环境影响。这些努力将赢得消费者的认同和支持，激发其对企业产品和品牌的兴趣。

3.吸引投资者与合作伙伴

企业的声誉和社会责任表现是吸引投资者和合作伙伴的重要因素。环境会计信息的披露能够吸引那些注重社会责任投资和合作的投资者和伙伴。投资者越来越认识到环境因素对企业长期稳定发展的影响，他们倾向与注重可持续性的企业合作。透明披露企业在环保方面的信息，有助于增加投资者和合作伙伴对企业的信任，并为企业吸引更多有共同价值观的合作伙伴创造条件。

4.长期竞争优势的构建

企业的声誉对其在市场上的竞争地位具有深远影响。积极披露环境会计信息有助于企业构建起可持续发展和环保的形象，从而在市场上建立起长期的竞争优势。消费者和投资者更愿意选择那些在环境方面表现出色、具有社会责任感的企业，而环境会计信息的披露正是帮助企业实现这种优势的重要手段。

二、绿色财务信息披露对投资者的吸引力

绿色财务信息的披露不仅可以影响企业的声誉，还可以对投资者的投资决策产生影响，因此需要评估绿色财务信息披露对投资者的吸引力：

（一）绿色财务信息的增加价值

绿色财务信息披露增加投资者获取的信息，可以帮助投资者更好地了解企业的经济业绩和环境表现。投资者可以从中了解企业在环境可持续发展方面的战略规划、投入情况，更全面地评估企业的投资价值。

1.信息全面性的提升

绿色财务信息披露在增加投资者获取信息的全面性方面具有重要价值。传统的财务报告主要关注企业的财务绩效，然而在现代社会，环境和社会责任也日益受到关注。通过绿色财务信息披露，投资者能够更全面地了解企业在环境保护、社会责任等方面的投入和绩效。例如，企业在环保设施建设、资源节约、废物处理等方面的投入，以及相关成效，都能通过披露的数据得以呈现。这种信息的披露有助于投资者从更全面的角度了解企业，从而做出更为明智的投资决策。

2.企业战略的透明度提高

绿色财务信息披露可以提高企业战略透明度，对投资者的决策具有重要影响。现代投资者不仅仅关注企业的财务状况，还关注企业的战略规划，特别是在环境可持续发展方面的战略。通过披露环境投资、绿色技术应用、碳排放削减等信息，企业能够向投资者展示其在环境领域的战略规划和未来发展方向。投资者可以基于这些信息来判断企业是否具备可持续增长的潜力，从而更准确地评估其长期投资价值。

3.综合经济与环境表现的衡量

绿色财务信息披露将经济绩效与环境绩效相结合，有助于投资者更全面地衡量企业的表现。传统的财务报告难以全面体现企业在环境责任方面的努力，而绿色财务信息的引入

则填补了这一空白。投资者可以通过这些信息综合考量企业在经济和环境方面的表现。例如，投资者可以比较企业的资源利用效率、废物减排成果等环境指标，与财务数据相结合，从而更全面地了解企业的绩效状况。这种综合性的评估有助于投资者更准确地判断企业发展的可持续性和长期投资价值。

（二）绿色财务信息对风险评估的作用

投资者在进行投资决策时，需要全面评估投资风险。绿色财务信息披露可以帮助投资者更准确地评估企业在环境方面面临的风险，如环境法规变化、资源供应不稳定等，从而更加科学地决策。

1.环境风险的识别与评估

绿色财务信息披露使投资者能够更全面地了解企业在环境方面面临的风险。例如，环境法规的变化、环境污染事件等都可能对企业经营造成风险。通过绿色财务信息，投资者可以更准确地评估这些风险对企业的影响程度。

（1）环境法规的变化

①环境法规对企业经营的影响

环境法规的变化可能对企业的经营造成重大影响。环境法规的严格化或者对特定行业的监管政策的出台，都可能导致企业需要投入更多的资源来符合法规要求，从而增加经营成本。此外，环境法规的变化还可能限制企业的生产和运营活动，影响企业的市场准入和竞争地位。

②绿色财务信息对环境法规的反映

绿色财务信息披露可以帮助投资者更好地了解企业对环境法规变化的应对情况。企业披露的信息中可以包括环境法规变化对其经营的影响评估，以及企业所采取的相应措施。投资者可以通过这些信息判断企业是否具备遵守新法规的能力，从而评估环境法规变化对企业的风险程度。

（2）环境污染事件

①环境污染事件的潜在风险

环境污染事件可能对企业造成巨大的声誉和财务风险。污染事件不仅可能导致环境修复成本的增加，还会影响企业形象，引发法律诉讼甚至罚款等。这些风险不仅影响企业的可持续发展，还可能引起投资者的担忧。

②绿色财务信息的风险评估

通过绿色财务信息披露，投资者可以更全面地了解企业在环境污染风险方面的情况。企业可以披露过去的环境事件记录、应对措施以及预防措施的实施情况。投资者可以基于这些信息评估企业在环境污染事件风险方面的准备程度，从而判断风险对企业的影响程度。

（3）资源供应不稳定性

①资源供应不稳定性对企业的影响

环境问题往往与资源供应不稳定性密切相关。例如，水资源短缺、原材料供应中断等都可能影响企业的生产和经营。这种不稳定性可能导致生产成本的增加，甚至生产中断，进而影响企业的收入和利润。

②绿色财务信息的反映与投资者的判断

绿色财务信息披露可以为投资者提供有关企业资源供应稳定性的信息。企业可以披露其所依赖的关键资源供应情况，以及对资源供应不稳定性的应对措施。投资者可以通过这些信息判断企业是否具备应对资源供应风险的能力，进而评估这一风险对企业的影响程度。

2.风险管理和预警的支持

绿色财务信息披露可以为投资者提供更多关于企业环境风险的数据，有助于投资者更好地进行风险管理和预警。投资者可以借助这些信息，制定更为科学的风险管理策略，降低投资风险。

（1）风险管理策略的制定

①基于数据的风险识别

绿色财务信息披露可以为投资者提供更多关于企业环境风险的数据来源。投资者可以借助这些数据，更准确地识别出与环境相关的风险，如法规变化、污染事件、资源供应不稳定等。这有助于投资者在风险管理中将精力集中在关键领域，降低可能的负面影响。

②科学的风险评估与排序

绿色财务信息披露的数据能够帮助投资者对不同环境风险进行科学的评估与排序。通过分析企业披露的环境数据，投资者可以了解每种风险的潜在影响程度，从而为风险管理制定优先级和相应的对策。

③定制化的风险应对方案

投资者可以基于绿色财务信息的披露，制订定制化的风险应对方案。不同企业可能面临不同类型的环境风险，因此需要根据企业的特定情况制定相应的风险管理策略。投资者可以根据披露的数据，为企业量身定制风险应对方案，降低可能的损失。

（2）风险预警机制的建立

①监控与预警系统

绿色财务信息披露为投资者建立监控与预警系统提供了数据支持。投资者可以通过监控企业环境数据的变化，实时了解企业在环境风险方面的状态。一旦出现异常情况，投资者就可以及时采取行动，减少可能的损失。

②提前干预与调整

通过绿色财务信息披露，投资者可以提前感知到潜在的环境风险，并进行相应的干预与调整。投资者可以根据披露的数据，预测可能出现的问题，并在风险爆发之前采取措施，降低风险对投资的影响。

（3）长期投资决策的支持

①可持续性的考量

绿色财务信息披露使投资者能够更好地了解企业的环境绩效和风险。这有助于投资者在长期投资决策中更全面地考虑企业的可持续性。投资者可以根据企业的环境表现，判断其是否具备长期稳定增长的潜力。

②长期战略的制定

基于绿色财务信息的披露，投资者可以更准确地评估企业在环境风险方面的准备程度。这有助于投资者判断企业是否在长期战略中考虑到环境风险，并采取相应的措施来应对。投资者可以根据这些信息，判断企业的长期战略是否与投资目标相符。

（三）绿色财务信息与投资者偏好的关系

越来越多的投资者关注企业的环境和社会责任表现。绿色财务信息披露能够满足这部分投资者对可持续投资的需求，吸引更多环境社会治理（ESG）投资者，从而为企业提供稳定的长期资金支持。

1. 对 ESG 投资者的吸引力

环境、社会和公司治理（ESG）因素在投资决策中扮演着越来越重要的角色。绿色财务信息披露可以满足 ESG 投资者对于环境信息的需求，从而可以吸引更多关注企业可持续发展的投资者，为企业融资提供一种新的渠道。

2 对长期投资的吸引力

绿色财务信息的披露可以强调企业的长期可持续性，与长期投资的理念相契合。投资者更愿意投资那些具有稳定长期增长潜力的企业，绿色财务信息的披露可以体现出企业在可持续发展方面的努力和承诺，因此更能吸引长期投资者。

（四）绿色财务信息披露的透明度

投资者更加倾向于投资那些透明度高、信息披露全面的企业。绿色财务信息的披露可以增强企业的透明度，让投资者更容易获取关于企业的全面信息，减少信息不对称，提高投资者信任。

1. 提高信息对称性

透明度是投资者评估企业投资价值的重要因素之一。绿色财务信息的披露可以增强信息的对称性，投资者可以更容易地获取关于企业环境表现的准确信息，从而减少信息不对称，提高投资者的信任。

2. 增强投资者信任

透明的绿色财务信息披露能够建立起投资者对企业的信任。投资者更愿意投资那些愿意公开信息、积极与利益相关者沟通的企业。因此，绿色财务信息的披露可以提升企业的声誉，增强投资者对企业的信任。

（五）绿色财务信息对长期投资的吸引力

绿色财务信息的披露能够增强企业的长期投资吸引力。投资者更愿意投资那些关注可持续发展、具有稳定长期增长潜力的企业，绿色财务信息的披露可以体现出企业在这方面的努力和承诺。

1.可持续增长潜力的体现

（1）长期业务规划的支持

绿色财务信息披露可以反映企业对可持续增长的重视程度。投资者通过披露的数据可以了解企业是否制定了与环境保护和社会责任相符的长期业务规划。这些规划通常意味着企业在未来会更加注重环境友好型业务模式的构建，从而具备更大的长期增长潜力。

（2）稳定业绩的预期

绿色财务信息披露可以揭示企业在环保领域的投入和取得的成效。这些成效可以带来更稳定的业绩表现，如降低环境成本、提高资源利用效率等。投资者倾向投资那些有稳定业绩增长预期的企业，而绿色财务信息的披露为这种预期提供了支持。

2.长期风险管理的表现

（1）风险预防与缓解

绿色财务信息披露可以展示企业在环境风险管理方面的表现。投资者更愿意投资那些能够预防和缓解环境风险的企业，因为这有助于保障企业在未来长期发展过程中的稳定性。

（2）环境法规合规性的证明

环境法规合规性是长期投资者考虑的重要因素之一。绿色财务信息的披露可以证明企业在环境法规合规性方面的努力，这有助于减少未来可能产生的法律风险，提升企业的长期投资吸引力。

3.创新和市场机会的挖掘

（1）创新能力的展示

绿色财务信息披露可以揭示企业在环保创新方面的投入和成果。投资者通常认为拥有创新能力的企业更具有长期竞争优势，因为创新能力可以帮助企业开发新的环保产品、服务和解决方案，满足不断变化的市场需求。

（2）市场扩展与多元化

环保领域的发展不仅仅是企业社会责任的体现，还可以为企业带来新的市场机会。绿色财务信息披露可以反映企业在开拓环保市场方面的努力，这有助于企业在多元化经营中找到新的增长点，增强其长期投资吸引力。

绿色财务信息的披露可以为投资者提供更多关于企业在环保和可持续发展方面的信息，可以增强企业的长期投资吸引力。投资者更愿意投资那些具有可持续增长潜力、长期风险管理能力和创新市场机会的企业，而绿色财务信息的披露可以体现出企业在这些方面的努力和承诺。这种吸引力有助于为企业吸引更多长期投资，支持其可持续发展战略的实施。

第三节 社会责任与财务绩效的关联

一、社会责任在企业形象与价值中的体现

（一）企业社会责任的重要性

1.企业社会责任的定义

企业社会责任（Corporate Social Responsibility，CSR）是指企业在追求经济利润的同时，对社会和环境承担的义务和责任。它强调企业不仅仅是为了获得经济利益，还应该在经营活动中考虑社会、环境和利益相关者的利益。

（1）企业社会责任的内涵与范畴

企业社会责任是指企业在追求经济利润的同时，对社会、环境和利益相关者承担的义务和责任。它不仅仅关注企业经济绩效，还强调企业在经营活动中应积极参与社会公益事业，关心环境保护，维护利益相关者权益，实现经济、社会和环境的协调发展。

（2）企业社会责任的三重维度

企业社会责任具有经济、社会和环境三重维度。在经济维度，企业应合法经营、创造就业机会，实现盈利并为股东创造价值。在社会维度，企业应尊重人权、关注员工福祉，积极参与慈善事业，回馈社会。在环境维度，企业应降低环境污染、提倡可持续发展，减少资源浪费。

2.社会责任对企业形象的影响

积极履行社会责任有助于塑造企业的正面形象。公众对企业的社会责任表现越来越关注，企业优秀的社会责任履行行为能够赢得社会的认可，提升企业的声誉，从而增强企业在市场中的竞争力。

（1）社会责任与企业信誉的建立

积极履行社会责任是企业建立信誉的关键因素之一。通过关注社会问题、采取可持续经营措施，企业能够在公众心目中树立积极的形象，增强社会信任，为企业未来的发展奠定基础。

（2）社会责任与品牌价值的提升

社会责任的履行可以为企业品牌增值。消费者越来越关注企业的社会责任表现，他们会选择并支持那些具有良好社会声誉的企业。积极的社会责任履行能够赋予企业的品牌更多的情感和含义，从而提升品牌价值。

（二）社会责任与企业价值的关系

1.社会责任对企业长期价值的影响

企业的长期价值不仅仅体现在财务绩效上，还包括其对社会和环境的影响。通过积极履行社会责任，企业可以为社会创造更多的价值，提升其在市场中的长期竞争力，实现可持续发展。

（1）社会责任与可持续经营的关联

企业的长期价值与其可持续经营密切相关。积极履行社会责任使企业更注重长远发展，而不仅仅关注短期经济利益。通过关心环境、员工和社会，企业能够建立起更稳固的商业模式，提高抵御外部风险的能力，实现长期稳健的增长。

（2）社会责任对企业声誉的影响

企业声誉是企业长期价值的重要组成部分。积极履行社会责任有助于塑造企业正面形象，增强社会信任。良好的声誉使企业在市场中更易获得消费者、投资者和合作伙伴的支持，从而为企业创造更长远的价值。

2.社会责任对品牌价值的提升

企业的品牌价值受到其社会责任表现的影响。良好的社会责任履行可以赋予企业的品牌以更多的含义和情感，使其在消费者心目中具有更高的价值，进而影响消费者的购买决策。

（1）品牌价值的内在含义

品牌价值不仅仅体现在产品或服务的质量，还包括消费者对品牌的认知、情感和信任。积极的社会责任履行可以为品牌注入更多的情感内涵，使品牌在消费者心目中具有更高的情感价值。

（2）社会责任的品牌差异化

在竞争激烈的市场中，社会责任成为品牌差异化的重要手段。通过积极履行社会责任，企业能够在众多竞争对手中脱颖而出，吸引更多消费者的关注和支持，从而提升品牌的价值。

（3）社会责任与消费者购买行为

越来越多的消费者在购买决策中会考虑企业的社会责任表现。消费者更倾向支持那些具有积极社会影响的品牌，因为他们认为购买这些品牌的产品可以实现自身价值观，这可以进一步提升品牌的价值。

积极履行社会责任有助于增强企业的长期竞争力和可持续发展能力，塑造正面的企业声誉，提升品牌的情感价值和差异化，得到消费者的认同和支持。通过在经济、社会和环境领域的表现，企业可以实现更全面、更长远的价值创造。

二、财务绩效与社会责任履行的平衡探讨

（一）社会责任与财务绩效的关系

1.短期投资与长期回报的权衡

履行社会责任可能需要企业承担一定的成本，这可能会对短期财务绩效产生一定的影响。然而，从长远来看，社会责任履行可以增加企业的声誉和信任度，为企业创造更稳定的经营环境，从而为企业带来更长期的回报。

（1）社会责任成本的影响

履行社会责任往往需要企业投入资金和资源，从而可能在短期内对财务绩效产生一定的影响。这些成本可能涵盖环保设施建设、员工培训、慈善捐赠等。企业需要在短期内平衡社会责任履行所需的成本与维持盈利的压力之间的关系。

（2）长期回报的积累

虽然社会责任成本可能在短期内产生负面影响，但从长远来看，积极履行社会责任可以为企业创造更为可持续的经营环境。通过积极参与社会和环境事务，企业树立起良好的声誉，增加利益相关者的信任。这种信任能够为企业带来更多的合作机会、消费者忠诚度和品牌认同，从而实现更为稳定和长期的财务回报。

2.社会责任对财务绩效的促进作用

积极的社会责任履行可以增强企业的竞争力和创新能力，从而为企业带来更好的财务绩效。例如，环保举措可能减少资源浪费和环境成本，提高资源利用效率，可以间接促进财务绩效的提升。

（1）创新和效率的提升

积极履行社会责任可以促使企业进行创新，寻找更环保、更高效的经营方式。例如，改进生产工艺以减少能源和资源消耗，不仅有助于环境保护，还可以降低生产成本，提高财务绩效。

（2）品牌价值的增加

积极的社会责任履行可以增强企业品牌的价值。在消费者越来越注重企业社会责任的今天，拥有积极社会形象的企业更有可能受到消费者的青睐，从而促进销售增长，进而影响财务绩效的提升。

（3）风险管理的加强

社会责任履行可以帮助企业降低与社会和环境风险相关的成本。通过遵循环境法规、采取环保措施，企业可以降低环境污染和法律诉讼等风险，减少可能的财务损失。

虽然社会责任履行可能会在短期内对财务绩效产生一定的压力，但从长远来看，积极的社会责任履行有助于塑造企业的声誉，提升品牌价值，促进创新和效率提升，同时减少风险。这些因素都有可能为企业带来更加稳定和可持续的财务绩效。

（二）平衡社会责任与财务绩效的策略

1.整合社会责任为战略目标

企业应将社会责任融入其战略规划中，将其视为实现长期价值和可持续竞争优势的重要组成部分。这有助于确保社会责任不仅仅是企业的附加任务，而是企业经营的核心目标。

（1）社会责任的战略融入

企业应将社会责任融入其战略规划中，确保其不仅仅是一项附加任务，而是企业经营的核心目标之一。将社会责任与企业的长期发展目标相结合，有助于确保社会责任履行与财务绩效之间的平衡。

（2）社会责任的战略一体化

将社会责任视为企业战略的一部分，将其融入企业各个层面和业务领域中。这意味着在产品设计、生产流程、供应链管理等方面都要考虑社会责任因素，从而实现社会责任与财务绩效的统一。

2.量化社会责任影响

企业可以通过量化方法评估社会责任履行对财务绩效的影响。例如，可以测算环保举措对成本的减少、品牌价值的提升等影响，从而更好地理解社会责任对企业财务绩效的贡献。

（1）建立综合评估体系

企业可以建立综合评估体系，将社会责任履行对财务绩效的影响量化分析。这可能涉及环保举措对成本的影响、社会责任对品牌价值的贡献等。通过量化分析，企业可以更直观地了解社会责任对财务绩效的实际影响。

（2）制定绩效指标

制定一系列与社会责任履行相关的绩效指标，用于衡量企业在社会和环境方面的表现。这些指标可以包括环境效益、社会影响、员工满意度等方面。通过监测这些指标的变化，企业可以更好地把握社会责任履行与财务绩效之间的关系。

（三）利益相关者的平衡

1.与股东利益的平衡

企业在履行社会责任时需要平衡股东利益。在确保股东获得合理回报的前提下，企业可以通过社会责任履行来增加品牌价值、降低风险，从而为股东创造更长期的价值。

（1）股东权益的重要性

股东是企业的所有者，他们期望获得回报并关注企业的财务绩效。因此，企业在平衡社会责任与财务绩效时，需要确保股东的合理利益不受损害。

（2）长期价值的追求

平衡并不意味着短期利益的牺牲。企业可以通过履行社会责任来增强自身的长期竞争力和可持续性，进而为股东创造更长远的价值。例如，环保举措可能会在短期内增加成本，但在长期内有助于提高品牌价值和降低环境风险。

2.与其他利益相关者的平衡

除股东外，企业还有其他利益相关者，如员工、客户、社会公众等。平衡社会责任与财务绩效不仅仅关乎股东利益，还需要综合考虑各方的利益，实现多方共赢。

（1）员工利益的考虑

员工是企业的重要资源，企业应关注其福祉和发展。平衡社会责任与财务绩效意味着为员工提供公平的薪酬、良好的工作环境和发展机会，从而增强员工的满意度和忠诚度。

（2）客户需求的满足

客户对企业的产品和服务有合理期待，期望获得高质量、可靠性和良好的体验。通过履行社会责任，企业可以提升产品品质、创新能力，满足客户需求，进而实现财务绩效的增长。

（3）社会公众的关切

社会公众对企业的社会责任表现越来越关注。平衡社会责任与财务绩效需要企业积极参与社会事务，回应公众关切，保障社会公众的权益，从而树立更好的企业社会形象。

（4）合作伙伴关系的维护

与供应商、合作伙伴之间的关系需要平衡。通过与合作伙伴共同推动可持续发展，企业不仅能够实现资源共享和互利合作，还能够在市场上获得更多机会，为财务绩效的增长创造条件。

在与股东利益的平衡关系中，企业可以通过追求长期价值来实现社会责任与财务绩效的统一。与其他利益相关者的平衡则需要企业在员工、客户、社会公众和合作伙伴之间建立良好的合作关系，以实现社会责任与财务绩效的协同增长。这样的平衡将有助于企业实现可持续的发展，同时为社会和利益相关者创造积极的价值。

参考文献

[1] 孙会会.企业财务会计向管理会计转型的措施分析 [J].支点，2022（12）：102-104.

[2] 贾晋黔.企业财务会计向管理会计转型的问题及对策研究 [J].现代商业，2022（23）：158-161.

[3] 王雅芳.论企业财务会计向管理会计转型的路径与建议 [J].投资与创业，2022,33(14)：73-75.

[4] 王树洲.企业财务会计向管理会计转型的问题及其应对措施 [J].全国流通经济，2022（18）：150-153.

[5] 成静.企业财务会计向管理会计转型的问题及对策思考 [J].中国集体经济，2021（30）：54-55.

[6] 张建强.企业财务会计向管理会计转型路径探究 [J].商讯，2021（15）：75-76.

[7] 宋菲菲.建筑企业财务会计向管理会计转型的路径 [J].财会学习，2021（15）：98-99.

[8] 皮路.企业财务会计向管理会计转型路径研究 [J].中国管理信息化，2021,24（09）：21-22.

[9] 何颖.出纳在财务工作中的作用与风险防范 [J].佳木斯职业学院学报，2019（12）：75-77.

[10] 杨晓爽.浅析财政事业单位财务中出纳环节的漏洞及防范 [J].对外经贸，2019（10）：153-154.

[11] 马爱爱.论出纳在财务管理中的作用及风险防范 [J].当代会计，2019（02）：134-135.

[12] 陈欣霞，梁颖，霍子瑜，等.新时代公立医院出纳转型思考 [J].新会计，2019（01）：57-58.

[13] 周芸.大数据背景下企业财务会计向管理会计转型的策略分析 [J].商场现代化，2020（1）：185-186.

[14] 凌伟娟.论企业财务会计如何向管理会计转型 [J].财经界，2020（3）：105-106.

[15] 谭春晓.企业财务会计向管理会计转型的思考与探究 [J].价值工程，2020,39（26）：91-92.

[16] 侯倩倩.国企财务会计向管理会计转型的影响因素及措施分析 [J].企业改革与管理，2018（22）：153+188.

[17] 黄见平.分析企业财务会计向管理会计的转型 [J].中外企业家，2018（25）：20-21.

[18] 卢泸.新形势下企业财务会计向管理会计的转型分析 [J].经贸实践，2018（05）：

298-299.

[19] 冯昭然.房建施工类企业财务会计向管理会计转型的 SWOT 分析：以中国建筑第七工程局为例 [J].国际商务财会，2015（10）：31-35.

[20] 童迎香，潘雅琼.互联网生态视角下企业并购财务协同效应研究：基于阿里收购饿了么的案例 [J].财会通讯，2021（02）：105-109.

[21] 丁蓉菁，李梅泉.互联网经济时期企业财务管理的创新：评《"互联网＋"时代财务管理创新研究》[J].中国科技论文，2020，15（12）：1472.

[22] 王丽华.现代企业财务会计信息化管理体系创新研究：评《互联网时代的企业财务会计实践发展研究》[J].商业经济研究，2020（17）：193.

[23] 张新民，陈德球.移动互联网时代企业商业模式、价值共创与治理风险：基于瑞幸咖啡财务造假的案例分析 [J].管理世界，2020，36（05）：74-86.

[24] 陈志聪."互联网＋"时代背景下企业财务战略与公司定位关系研究：以小米科技有限公司为例 [J].全国流通经济，2020（12）：28-29.

[25] 颜家利.企业财务会计问题及其对策分析 [J].科技经济导刊，2018，26（21）：201-202.

[26] 胡宇波.企业财务会计问题分析及其改革策略探讨 [J].农村经济与科技，2018，29（4）：119-120.

[27] 张冬扣，王伶，胡悦欣.会计准则与会计制度评析 [J].财会月刊，2002（4）：36-37.

[28] 林月行.浅谈新经济时代企业财务管理与会计工作的创新 [J].辽宁经济管理干部学院学报，2021（02）：22-24.

[29] 栾甫贵.日本会计制度及其借鉴意义 [J].会计之友，2002（12）：120-122.

[30] 张睿.试论新时期如何加强企业财务会计工作的创新管理山.上海商业，2021（06）：160-161.

[31] 徐晶.新时期如何加强企业财务会计工作的创新管理 [J].纳税，2021，15（16）：137-138.

[32] 佟文惠.新时期下如何加强财务会计工作的创新管理 [J].全国流通经济，2021（11）：181-183.

[33] 孙远林.新时期如何加强企业财务会计工作的创新管理 [J].中国集体经济，2021（10）：157-15.

[34] 林娴.浅谈新时期如何加强企业财务会计工作的创新管理 [J].中国外资，2021（02）：108-109.

[35] 吕亚茹.浅谈新时期如何加强企业财务会计工作的创新管理 [J].纳税，2020，14（25）：137-138.

[36] 段凤梅.信息时代下财务会计工作的创新管理研究 [J].中国管理信息化，2021（17）：95-96.

[37] 赵玉婷.现代企业财务会计信息化管理体系创新 [J].中国商论，2021（13）：165-167.

[38] 杨金文.国有企业财务管理中管理会计运用创新分析 [J].财经界，2021（19）：79-80.

[39] 张睿.试论新时期如何加强企业财务会计工作的创新管理 [J].上海商业，2021（06）：160-161.

[40] 徐晶.新时期如何加强企业财务会计工作的创新管理 [J].纳税，2021（16）：137-138.

[41] 宋汐文.新时期下加强财务会计工作管理研究 [J].当代会计，2021（10）：63-64.

[42] 佟文惠.新时期下如何加强财务会计工作的创新管理 [J].全国流通经济，2021（11）：181-183.

[43] 刘子正.碳达峰背景下企业绿色财务管理探究：以满洲里市为例[J].营销界，2022（22）：63-65.

[44] 吴夏妮.基于知识经济视角分析财务会计的优化方式 [J].经济研究导刊，2017（4）：85-86.

[45] 刘魏华.电力企业财务会计工作的创新 [J].科技经济市场，2016（011）：63-64.

[46] 曾银柱.新时期加强企业财务会计工作的创新途径 [J].中国总会计师，2020（2）：126-127.

[47] 刘晖.信息化时代企业财务会计工作创新发展研究 [J].商场现代化，2020（15）：189-191.

[48] 龚玉娟.信息时代下商贸企业财务会计工作创新思考 [J].智富时代，2019（012）：1.

[49] 卢利芝.新时期如何加强企业财务会计工作的创新管理 [J].纳税，2019（14）：95-96.

[50] 乔笑冰.低碳经济背景下企业绿色财务管理研究 [J].中国管理信息化，2022（20）：13-15.